Impressum
Verlag: BABADADA GmbH, Nedderfeld 112 , 22529 Hamburg
Geschäftsführer / Verlagsleitung: Harald Hof
Druck: Books on Demand GmbH, In de Tarpen 42, 22848 Norderstedt

Imprint
Publisher: BABADADA GmbH, Nedderfeld 112 , 22529 Hamburg, Germany
Managing Director / Publishing direction: Harald Hof
Print: Books on Demand GmbH, In de Tarpen 42, 22848 Norderstedt

σχολείο
de School

σχολική τάξη
de Klassenstuuv

διαιρώ
delen

186/2

πίνακας
de Tafel

σχολική αυλή
de Schoolhoff

δάσκαλος
de Schoolmeester

χαρτί
dat Papeer

γράφω
schrieven

στυλό
de Sticken

γραφείο
de Schrievdisch

χάρακας
dat Lienholt

βιβλίο
dat Book

μαθητής
de Schöler

σχολική τσάντα

de Ranzel

κασετίνα/ μολυβοθήκη

de Feddermapp

μολύβι

de Bleesticken

ξύστρα

de Scharpmaker

γόμα

dat Radeergummi

μπλοκ ζωγραφικής

de Tekenblock

ζωγραφική

de Teken

πινέλο

de Pinsel

κουτί χρωμάτων

de Malkassen

ψαλίδι

de Scheer

κόλλα

de Klever

τετράδιο ασκήσεων

dat Heft to'n Öven

εργασία για το σπίτι

de Huusopgaav

12

αριθμός

de Tall

2+2

προσθέτω

tohooptellen

5-2

αφαιρώ

aftrecken

2×2

πολλαπλασιάζω

malnehmen

υπολογίζω

reken

A

γράμμα

de Bookstaav

ABCDEFG
HIJKLMN
OPQRSTU
VWXYZ

αλφάβητο

dat ABC

hello

λέξη

dat Woort

σχολείο - de School

κείμενο

de Text

διαβάζω

lesen

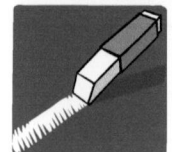

κιμωλία

de Kried

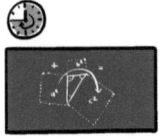

μάθημα

de Stunn

εγγράφομαι

dat Klassenbook

τεστ

de Pröven

πιστοποιητικό

dat Tüügnis

μαθητική στολή

de Schooluniform

εκπαίδευση

de Utbillen

εγκυκλοπαίδεια

dat Nakieksel

πανεπιστήμιο

de Universität

μικροσκόπιο

dat Mikroskop

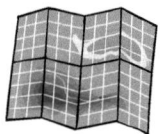

χάρτης

de Koort

καλάθι αχρήστων

de Papeerkorf

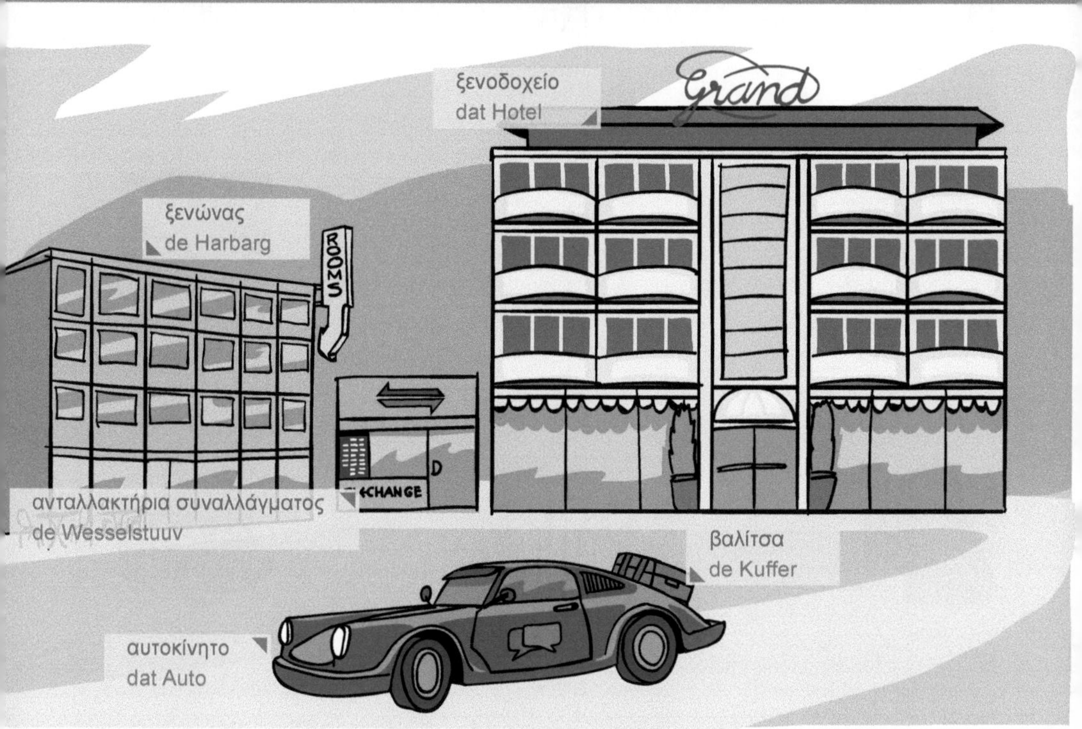

ξενοδοχείο
dat Hotel
Grand
ξενώνας
de Harbarg
ROOMS
ανταλλακτήρια συναλλάγματος
de Wesselstuuv
EXCHANGE
βαλίτσα
de Kuffer
αυτοκίνητο
dat Auto

γλώσσα

de Spraak

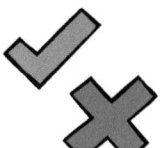

ναι / όχι

jo / ne

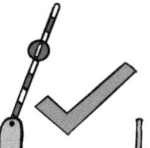

εντάξει

Jo

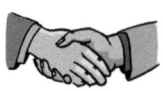

γεια σου

Moin

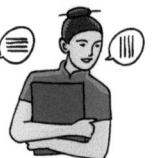

μεταφραστής

de Översetter

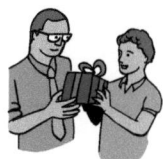

Ευχαριστώ

Dank ok

πόσο κάνει ;

Wat kost...?

Δε καταλαβαίνω

Ik verstah nich

πρόβλημα

dat Problem

Καλησπέρα!

Goden Avend

Καλημέρα!

Moin!

Καληνύχτα!

Gode Nacht!

Αντίο

Tschüüs

κατεύθυνση

de Richt

αποσκευές

de Bagaasch

τσάντα

de Tasch

σακίδιο πλάτης

de Rüchsack

καλεσμένος

de Gast

δωμάτιο

de Stuuv

υπνόσακος

de Slaapsack

σκηνή

dat Telt

τουριστικές πληροφορίες
....
de Touristeninformatschoon

παραλία
....
de Strand

πιστωτική κάρτα
....
de Kreditkoort

πρωινό
....
dat Fröhstück

μεσημεριανό
....
dat Meddageten

δείπνο
....
dat Avendeten

εισιτήριο
....
de Fohrkort

ανελκυστήρας
....
de Fohrstohl

γραμματόσημο
....
de Breefmark

σύνορα
....
de Grenz

τελωνείο
....
de Toll

πρεσβεία
....
de Bottschop

βίζα
....
dat Visum

διαβατήριο
....
de Pass

μεταφορά
de Transport

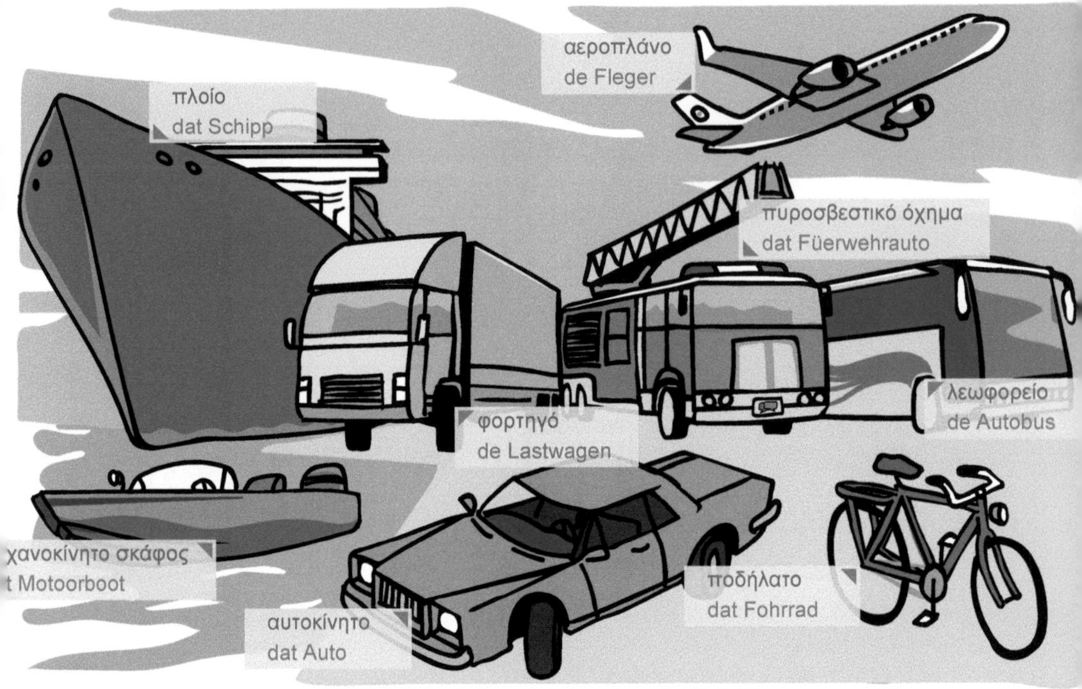

αεροπλάνο
de Fleger
πλοίο
dat Schipp
πυροσβεστικό όχημα
dat Füerwehrauto
λεωφορείο
de Autobus
φορτηγό
de Lastwagen
χανοκίνητο σκάφος
t Motoorboot
ποδήλατο
dat Fohrrad
αυτοκίνητο
dat Auto

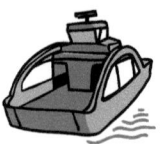

φεριμπότ

de Fähr

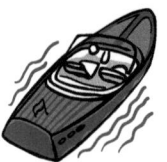

βάρκα

dat Boot

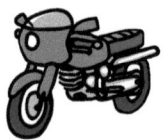

μοτοσικλέτα

dat Motoorrad

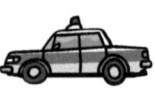

περιπολικό

dat Polizeiauto

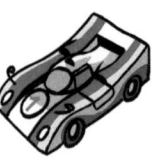

αγωνιστικό αυτοκίνητο

dat Rönnauto

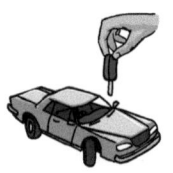

ενοικιαζόμενο αυτοκίνητο

de Lehnwagen

διαμοιρασμός αυτοκινήτων

dat Carsharing

γερανός

de Afsleepwagen

απορριμματοφόρο

dat Müllauto

κινητήρας

de Motoor

καύσιμο

de Kraftstoff

βενζινάδικο

de Tanksteed

πινακίδα σήμανσης

dat Verkehrsschild

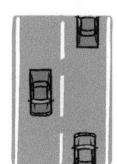

κυκλοφορία

de Verkehr

κυκλοφοριακή συμφόρηση

de Stau

χώρος στάθμευσης

de Afstellplatz

σιδηροδρομικός σταθμός

de Bahnhoff

σιδηροδρομικές γραμμές

de Sporen

τρένο

de Tog

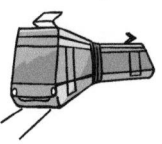

τραμ

de Stratenbahn

βαγόνι

de Wagon

ελικόπτερο

de Dwarsmöhl

αεροδρόμιο

de Flooghaven

πύργος

de Tower

επιβάτης

de Fohrgast

εμπορευματοκιβώτιο

de Grootkist

χαρτοκιβώτιο

de Karton

καρότσι

de Koor

καλάθι

de Korf

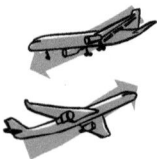

απογειώνομαι /
προσγειόνομαι

starten / lannen

πόλη
de Stadt

χωριό

dat Dörp

κέντρο της πόλης

de Binnenstadt

σπίτι

dat Huus

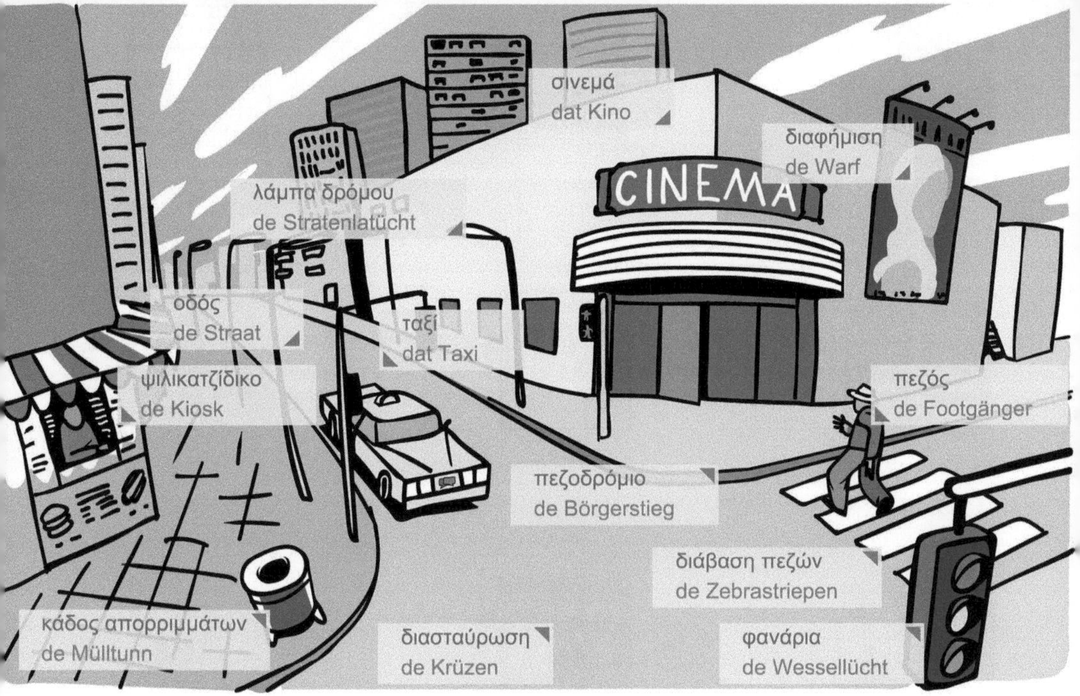

σινεμά / dat Kino

διαφήμιση / de Warf

λάμπα δρόμου / de Stratenlatücht

οδός / de Straat

ταξί / dat Taxi

ψιλικατζίδικο / de Kiosk

πεζός / de Footgänger

πεζοδρόμιο / de Börgerstieg

διάβαση πεζών / de Zebrastriepen

κάδος απορριμμάτων / de Mülltunn

διασταύρωση / de Krüzen

φανάρια / de Wessellücht

καλύβα

de Hütt

διαμέρισμα

de Wahnung

σιδηροδρομικός σταθμός

de Bahnhoff

δημαρχείο

dat Raathuus

μουσείο

dat Museum

σχολείο

de School

πανεπιστήμιο

de Universität

τράπεζα

de Bank

νοσοκομείο

dat Krankenhuus

ξενοδοχείο

dat Hotel

φαρμακείο

de Afteek

γραφείο

dat Büro

βιβλιοπωλείο

de Bookhökerie

κατάστημα

de Hökerie

ανθοπωλείο

de Blomenhökerie

σούπερ μάρκετ

de Supermarkt

αγορά

de Markt

πολυκατάστημα

dat Koophuus

ιχθυοπωλείο

de Fischhökerie

εμπορικό κέντρο

dat Inkoopszentrum

λιμάνι

de Haven

πάρκο

de Parkanlaag

παγκάκι

de Bank

γέφυρα

de Brüch

σκάλες

de Trepp

μετρό

de Ünnergrundbahn

τούνελ

de Tunnel

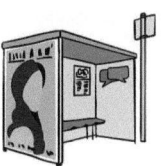

στάση λεωφορείου

de Busstoppsteed

μπαρ

de Bar

εστιατόριο

dat Spieslokal

γραμματοκιβώτιο

de Breefkassen

πινακίδα δρόμου

dat Stratenschild

παρκόμετρο

de Parkklock

ζωολογικός κήπος

de Deertenpark

πισίνα

de Baadanstalt

τζαμί

de Moschee

αγρόκτημα

de Buernhoff

ρύπανση

de Ümweltversmudden

νεκροταφείο

de Karkhoff

εκκλησία

de Kark

παιδική χαρά

de Speelplatz

ναός

de Tempel

τοπίο
de Landschop

φύλλο
dat Blatt

πινακίδα κατεύθυνσης
de Wiespahl

δρόμος
de Weg

λιβάδι
de Wisch

πέτρα
de Steen

δέντρο
de Boom

πεζοπόρος
de Wannerer

ποτάμι
de Fluss

χορτάρι
dat Gras

λουλούδι
de Bloom

κοιλάδα
dat Daal

λόφος
de Barg

λίμνη
de See

δάσος
dat Holt

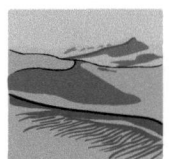

έρημος
de Wööst

ηφαίστειο
de Füerspien Barg

κάστρο
dat Slott

ουράνιο τόξο
de Regenbagen

μανιτάρι
de Poggenstohl

φοίνικας
de Palm

κουνούπι
de Steekmück

μύγα
de Fleeg

μυρμήγκι
de Miegeemk

μέλισσα
de Imm

αράχνη
de Spinn

σκαθάρι

de Sebber

βάτραχος

de Pogg

σκίουρος

de Katteker

σκαντζόχοιρος

de Swienegel

λαγός

de Haas

κουκουβάγια

de Uul

πουλί

de Vagel

κύκνος

de Swaan

αγριογούρουνο

dat Wildswien

ελάφι

de Hirsch

άλκη

de Elk

φράγμα

de Staudamm

ανεμογεννήτρια

dat Windrad

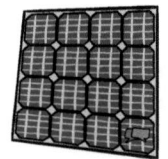

ηλιακός συλλέκτης

dat Solarmodul

κλίμα

dat Klima

εστιατόριο

dat Spieslokal

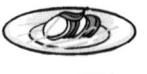

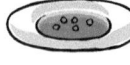

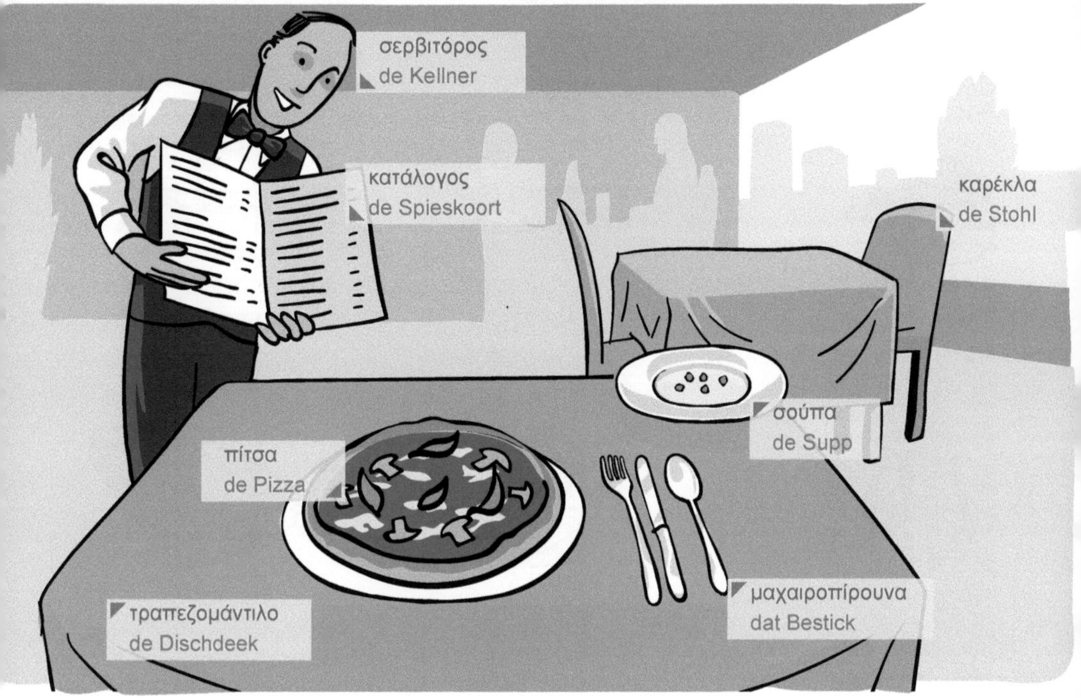
σερβιτόρος
de Kellner
κατάλογος
de Spieskoort
καρέκλα
de Stohl
σούπα
de Supp
πίτσα
de Pizza
τραπεζομάντιλο
de Dischdeek
μαχαιροπίρουνα
dat Bestick

ορεκτικό
de Vörspies

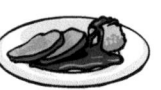

κύριο πιάτο
dat Haupteten

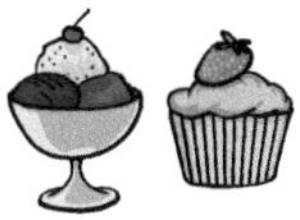

επιδόρπιο
de Nadisch

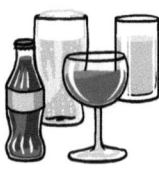

ποτά
de Drünk

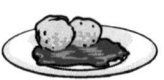

φαγητό
dat Eten

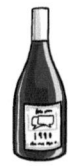

μπουκάλι
de Buddel

φαστ φουντ

dat Fastfood

φαγητό στ' όρθιο

dat Strateneten

τσαγιέρα

de Teekann

δοχείο ζάχαρης

de Zuckerdoos

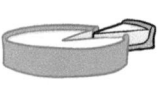

μερίδα

de Portschoon

μηχανή εσπρέσο

de Espressomaschien

ψηλή καρέκλα

de Hoochstohl

λογαριασμός

de Reken

δίσκος

dat Tablett

μαχαίρι

dat Mess

πιρούνι

de Gavel

κουτάλι

de Lepel

κουταλάκι του τσαγιού

de Teelepel

πετσέτα φαγητού

dat Munddook

ποτήρι

dat Glas

πιάτο

de Töller

πιάτο σούπας

de Suppentöller

πιατάκι φλιτζανιού

de Ünnertass

σάλτσα

de Sooß

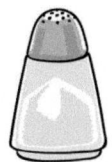

αλατιέρα

de Soltstreuer

μύλος για πιπέρι

de Pepermöhl

ξύδι

de Etig

λάδι

dat Ööl

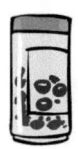

μπαχαρικά

de Krüder

κέτσαπ

de Ketchup

μουστάρδα

de Mostrich

μαγιονέζα

de Mayonnaise

σούπερ μάρκετ
de Supermarkt

προσφορά
dat Anbott
FOR
πελάτης
de Kunn
γαλακτοκομικά προϊόντα
de Melkprodukten
φρούτα
dat Aaft
καρότσι για ψώνια
de Inkoopswagen

BUTCHERS

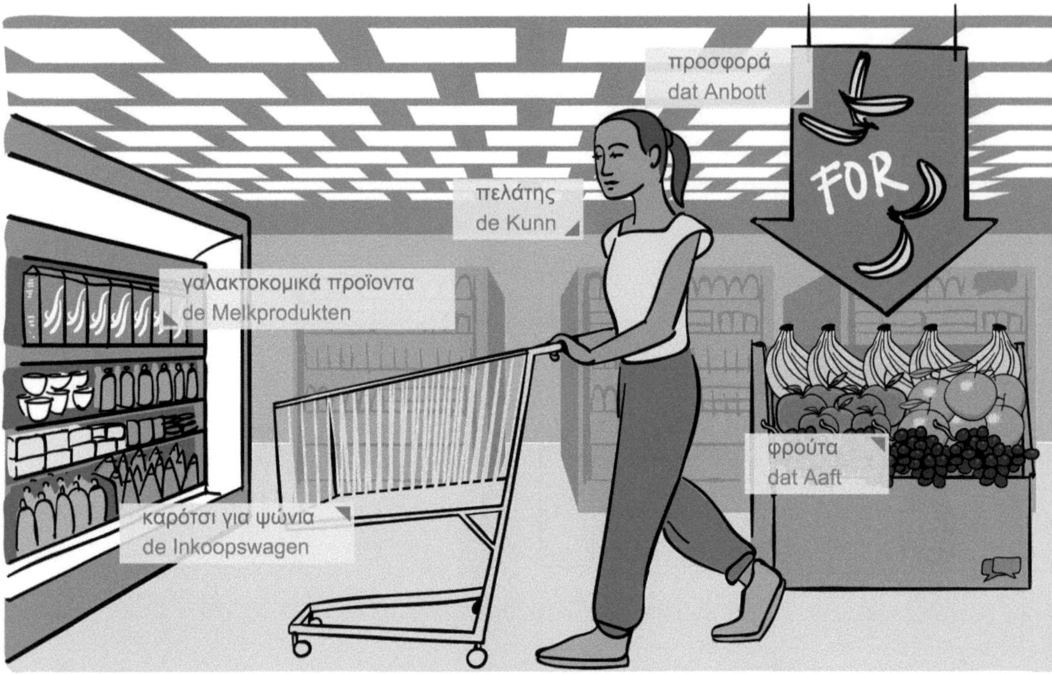

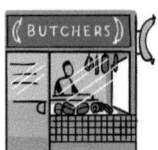

κρεοπωλείο

de Slachterie

BAKERY

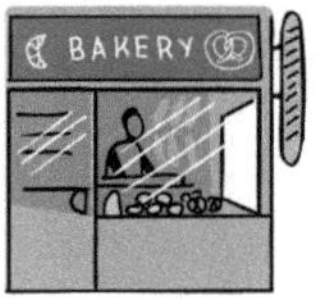

φούρνος

de Bäckerie

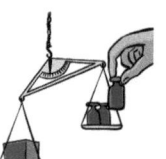

ζυγίζω

wegen

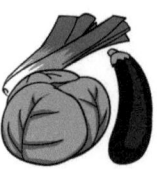

λαχανικά

de Gröönsaken

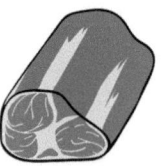

κρέας

dat Fleesch

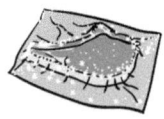

κατεψυγμένα τρόφιμα

de Deepköhlkost

αλλαντικά

de Opsnitt

κονσερβοποιημένη τροφή

de Konserven

απορρυπαντικό ρούχων

de Waschmiddel

γλυκά

de Snoopkraam

οικιακά είδη

de Huushooltssaken

καθαριστικά προϊόντα

de Reinmaaktüüch

πωλήτρια

de Verköpersche

ταμείο

de Kass

ταμίας

de Kasserer

λίστα για ψώνια

de Inkoopslist

ωράριο λειτουργίας

de Opsparrtieden

πορτοφόλι

de Breeftasch

πιστωτική κάρτα

de Kreditkoort

τσάντα

de Tasch

πλαστική σακούλα

de Plastiktüüt

νερό

dat Water

χυμός

de Saft

γάλα

de Melk

κόκα κόλα

de Cola

κρασί

de Wien

μπίρα

dat Beer

αλκοόλ

de Spriet

κακάο

de Kakao

τσάι

de Tee

καφές

de Koffie

εσπρέσο

de Espresso

καπουτσίνο

de Cappucino

μπανάνα

de Banaan

μήλο

de Appel

πορτοκάλι

de Appelsien

πεπόνι

de Meloon

λεμόνι

de Zitroon

καρότο

de Wöttel

σκόρδο

de Knuuvlook

μπαμπού

de Bambus

κρεμμύδι

de Zibbel

μανιτάρι

de Poggenstohl

ξηροί καρποί

de Nööt

νουντλς

de Nudeln

μακαρόνια

de Spaghetti

ρύζι

de Ries

σαλάτα

de Salat

πατατάκια

de Pommes frites

τηγανητές πατάτες

de Braadkantüffeln

πίτσα

de Pizza

χάμπουργκερ

de Hamborger

σάντουιτς

dat Sandwich

κοτολέτα

dat Snitzel

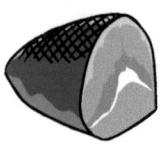

ζαμπόν

de Schinken

σαλάμι

de Salami

λουκάνικο

de Wust

κοτόπουλο

dat Hohn

ψητό

de Braden

ψάρι

de Fisch

φαγητό - dat Eten

χυλός βρώμης

de Haverflocken

μούσλι

dat Müsli

κορν φλέικς

de Cornflakes

αλεύρι

dat Mehl

κρουασάν

de Croissant

ψωμάκι

dat Rundstück

ψωμί

dat Broot

τοστ

dat Toast

μπισκότα

de Keksen

βούτυρο

de Botter

τυρόπηγμα

de Quark

κέικ

de Koken

αυγό

dat Ei

τηγανητό αυγό

dat Spegelei

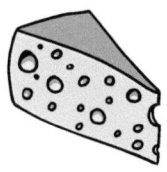

τυρί

de Kees

παγωτό

de Ies

ζάχαρη

de Zucker

μέλι

de Honnig

μαρμελάδα

de Marmelaad

άλλειμμα σοκολάτας

de Nougat-Creme

κάρυ

dat Curry

αγρόκτημα
de Buernhoff

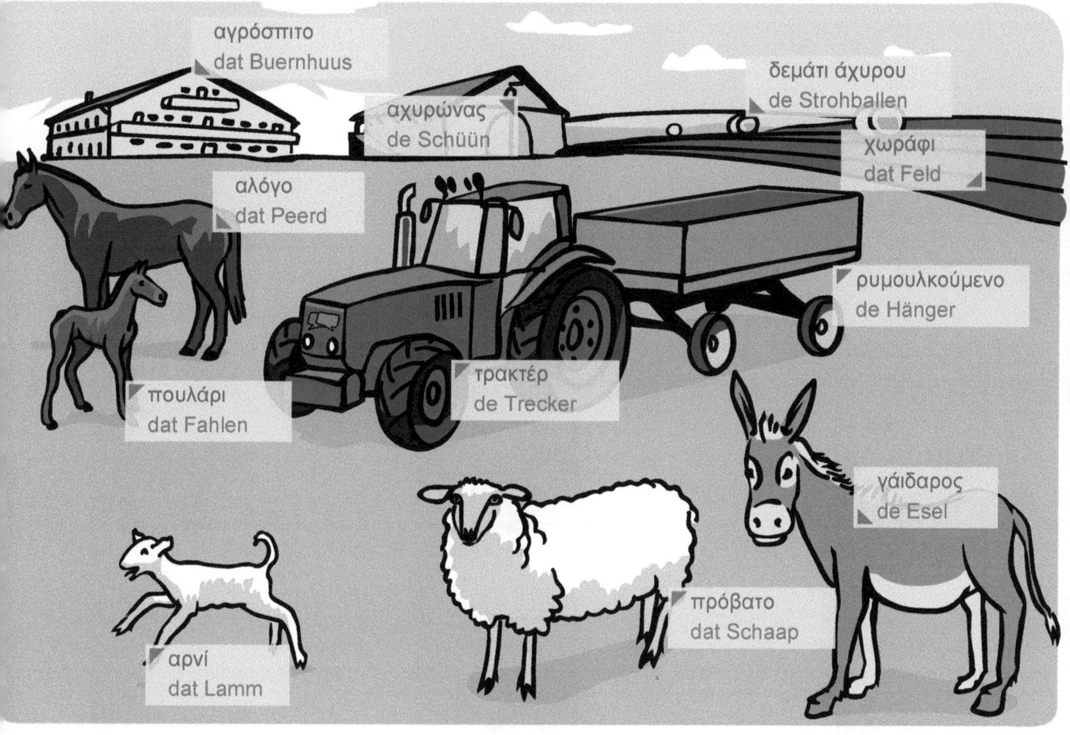
αγρόσπιτο
dat Buernhuus
δεμάτι άχυρου
de Strohballen
αχυρώνας
de Schüün
χωράφι
dat Feld
αλόγο
dat Peerd
ρυμουλκούμενο
de Hänger
τρακτέρ
de Trecker
πουλάρι
dat Fahlen
γάιδαρος
de Esel
πρόβατο
dat Schaap
αρνί
dat Lamm

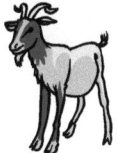

κατσίκα

de Zeeg

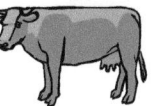

αγελάδα

de Koh

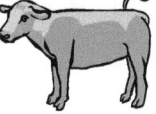

μοσχαράκι

dat Kalf

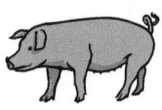

γουρούνι

dat Swien

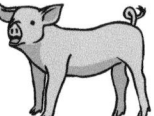

γουρουνάκι

dat Farken

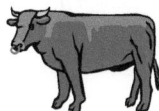

ταύρος

de Bull

χήνα
de Goos

πάπια
de Aant

κοτοπουλάκι
dat Küken

κότα
dat Hohn

κόκορας
de Hahn

αρουραίος
de Rott

γάτα
de Katt

ποντίκι
de Muus

βόδι
de Oss

σκύλος
de Hund

σπιτάκι σκύλου
de Hunnenhütt

λάστιχο κήπου
de Goornslauch

ποτιστήρι
de Geetkann

θεριστήρι
de Lee

αλέτρι
de Ploog

δρεπάνι

de Sich

τσάπα

de Hack

δίκρανο

de Mestfork

τσεκούρι

de Ext

χειράμαξα

de Schuufkoor

ταΐστρα

de Trog

δοχείο γάλακτος

de Melkkann

σάκος

de Sack

φράχτης

de Tuun

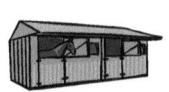

στάβλος

de Stall

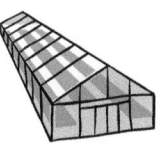

θερμοκήπιο

dat Drievhuus

έδαφος

de Bodden

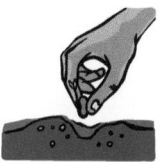

σπόρος

de Saat

λίπασμα

de Dünger

θεριζοαλωνιστική μηχανή

de Meihdöscher

θερίζω

oornen

συγκομιδή

de Oorn

γιαμς

de Yamswöttel

σιτάρι

de Weten

σόγια

dat Soja

πατάτα

de Kantüffel

καλαμπόκι

de Törksche Weten

κράμβη

de Rapp

οπωροφόρο δέντρο

de Aaftboom

μανιόκα

de Troopsch Kantüffel

δημητριακά

dat Koorn

σπίτι

dat Huus

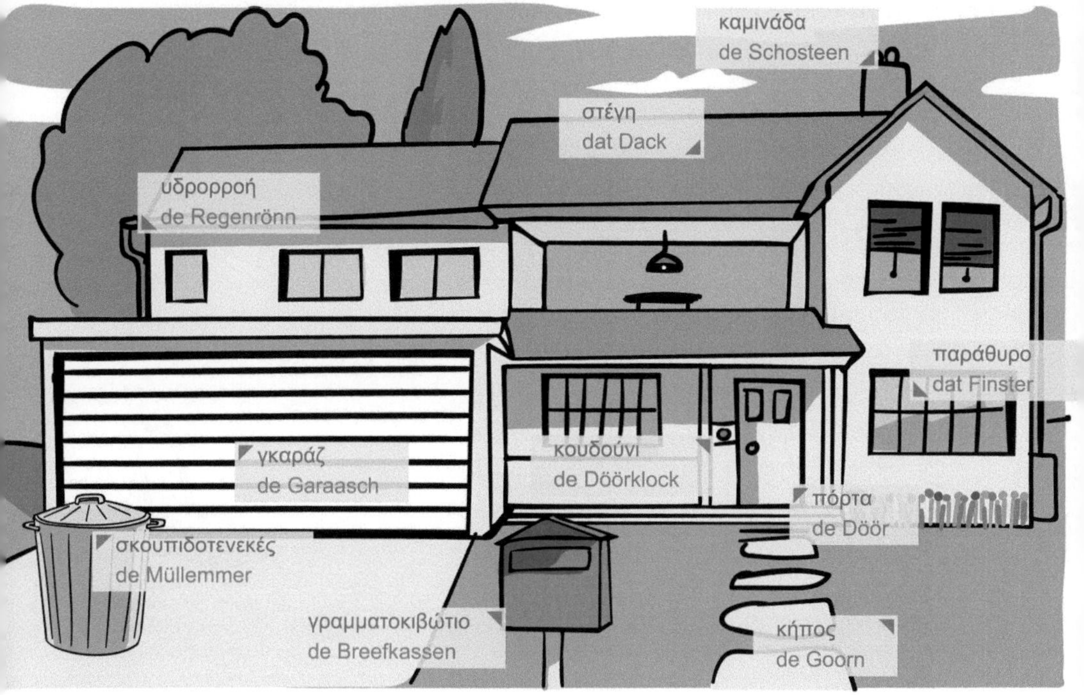
καμινάδα
de Schosteen
στέγη
dat Dack
υδρορροή
de Regenrönn
παράθυρο
dat Finster
γκαράζ
de Garaasch
κουδούνι
de Döörklock
πόρτα
de Döör
σκουπιδοτενεκές
de Müllemmer
γραμματοκιβώτιο
de Breefkassen
κήπος
de Goorn

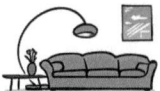

σαλόνι

de Wahnstuuv

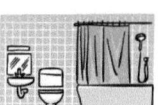

μπάνιο

de Baadstuuv

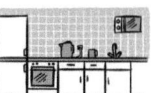

κουζίνα

de Köök

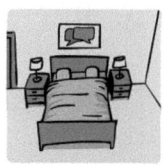

υπνοδωμάτιο

de Slaapstuuv

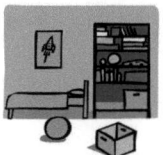

παιδικό δωμάτιο

de Kinnerstuuv

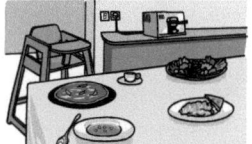

τραπεζαρία

de Eetstuuv

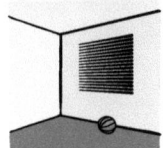

πάτωμα

de Footbodden

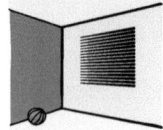

τοίχος

de Wand

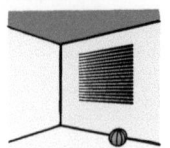

οροφή

de Deek

κελάρι

de Keller

σάουνα

dat Hittluftbad

μπαλκόνι

de Balkon

βεράντα

de Terrass

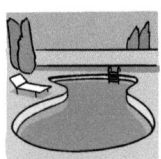

πισίνα

dat Swümmbad

μηχανή του γκαζόν

de Rasenmeiher

σεντόνι

de Bettbetog

κάλυμμα κρεβατιού

de Bettdeek

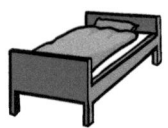

κρεβάτι

de Puuch

σκούπα

de Bessen

κουβάς

de Emmer

διακόπτης

de Schalter

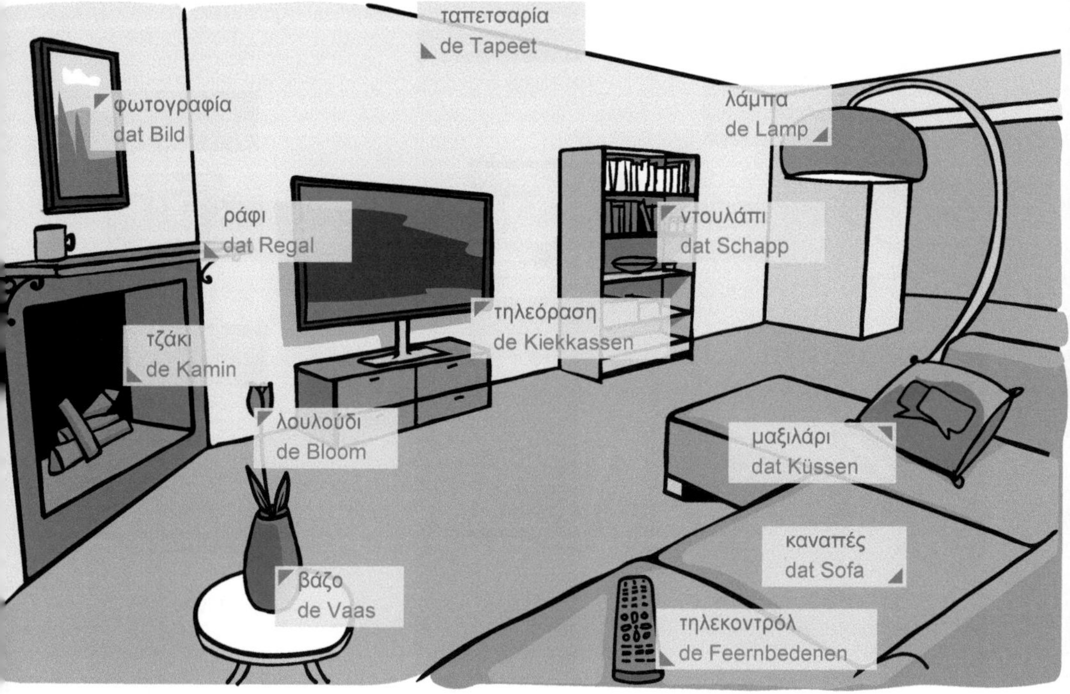

ταπετσαρία
de Tapeet

φωτογραφία
dat Bild

λάμπα
de Lamp

ράφι
dat Regal

ντουλάπι
dat Schapp

τζάκι
de Kamin

τηλεόραση
de Kiekkassen

λουλούδι
de Bloom

μαξιλάρι
dat Küssen

καναπές
dat Sofa

βάζο
de Vaas

τηλεκοντρόλ
de Feernbedenen

χαλί
de Teppich

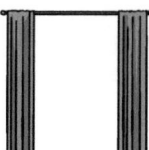

κουρτίνα
de Vörhang

τραπέζι
de Disch

καρέκλα
de Stohl

κουνιστή πολυθρόνα
de Schuckelstohl

πολυθρόνα
de Sessel

βιβλίο

dat Book

κουβέρτα

de Deek

διακόσμηση

de Dekoratschoon

καυσόξυλα

dat Füerholt

ταινία

de Film

στερεοφωνικό σύστημα

de Stereoanlaag

κλειδί

de Slötel

εφημερίδα

dat Narichtenblatt

πίνακας ζωγραφικής

dat Gemälde

αφίσα

dat Poster

ραδιόφωνο

dat Radio

σημειωματάριο

de Opschrievblock

ηλεκτρική σκούπα

de Huulbessen

κάκτος

de Kaktus

κερί

de Kars

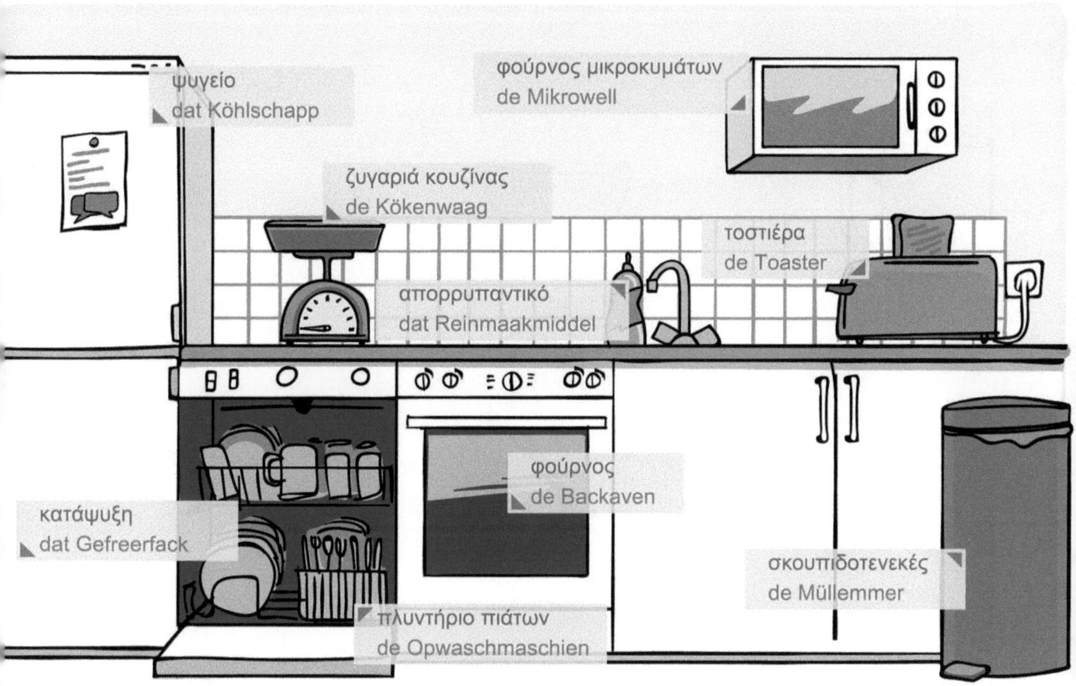

φούρνος μικροκυμάτων
de Mikrowell

ψυγείο
dat Köhlschapp

ζυγαριά κουζίνας
de Kökenwaag

τοστιέρα
de Toaster

απορρυπαντικό
dat Reinmaakmiddel

κατάψυξη
dat Gefreerfack

φούρνος
de Backaven

σκουπιδοτενεκές
de Müllemmer

πλυντήριο πιάτων
de Opwaschmaschien

κουζίνα

de Heerd

κατσαρόλα

de Pott

μαντεμένια κατσαρόλα

de Gussiesern Putt

γουόκ/καντάι

de Wok / Kadai

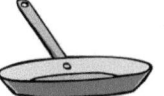

τηγάνι

de Pann

βραστήρας

de Waterkaker

ατμομάγειρας

de Dampkaakputt

ταψί

dat Backblick

πιατικά

dat Geschirr

κούπα

de Beker

μπολ

de Schaal

ξυλάκια

de Eetsticken

κουτάλα

de Suppenkell

σπάτουλα

de Pannenwenner

ανακατεύω

de Sneebessen

σουρωτήρι

dat Kaakseef

σουρωτηράκι

dat Seef

τρίφτης

de Riev

γουδί

de Mörser

ψησταριά

de Grill

ανοιχτή φωτιά

de Füerstell

σανίδα κοπής

dat Sniedbrett

πλάστης

dat Nudelholt

ανοιχτήρι φελλών

de Proppentrecker

κονσέρβα

de Doos

ανοιχτήρι κονσέρβας

de Dosenaapner

γάντι φούρνου

de Pottlappen

νεροχύτης

dat Waschbecken

βούρτσα

de Böst

σφουγγάρι

de Swamm

μπλέντερ

de Mixer

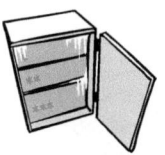

καταψύκτης

dat Iesschapp

μπιμπερό

de Nuckelbuddel

βρύση

de Waterhahn

μπάνιο
de Baadstuuv

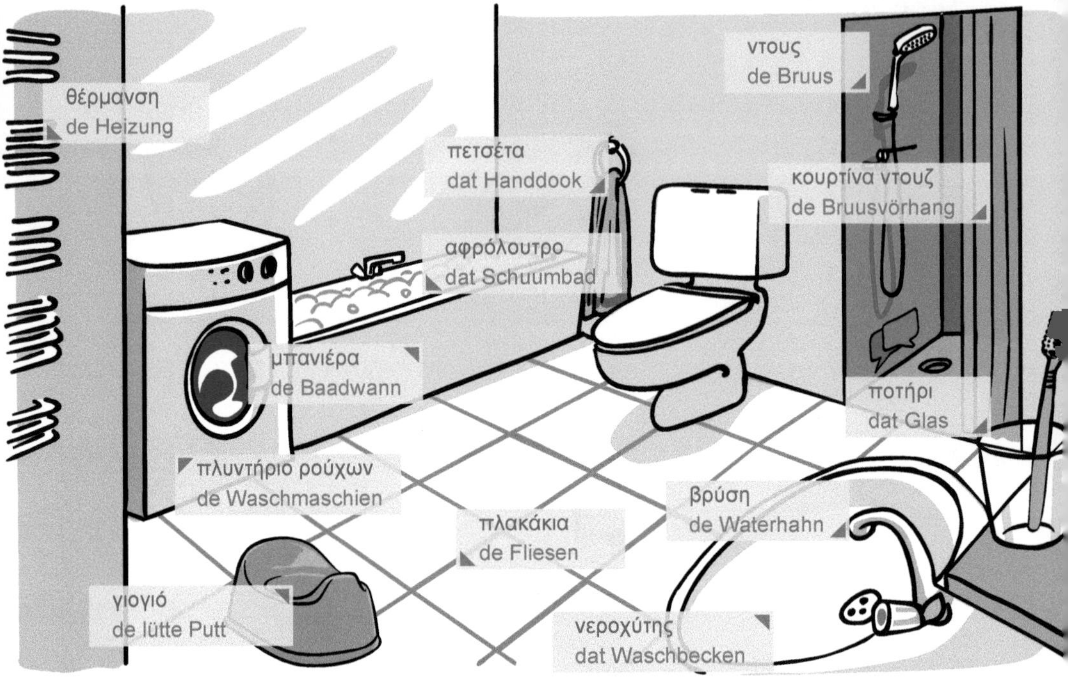

θέρμανση
de Heizung
ντους
de Bruus
πετσέτα
dat Handdook
κουρτίνα ντους
de Bruusvörhang
αφρόλουτρο
dat Schuumbad
μπανιέρα
de Baadwann
ποτήρι
dat Glas
πλυντήριο ρούχων
de Waschmaschien
βρύση
de Waterhahn
πλακάκια
de Fliesen
γιογιό
de lütte Putt
νεροχύτης
dat Waschbecken

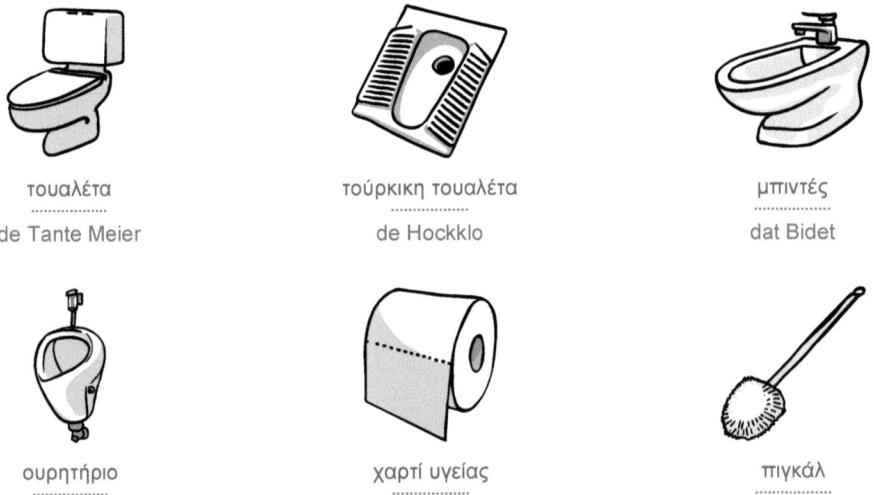

τουαλέτα

de Tante Meier

τούρκικη τουαλέτα

de Hockklo

μπιντές

dat Bidet

ουρητήριο

dat Miegbecken

χαρτί υγείας

dat Klopapeer

πιγκάλ

de Kloböst

οδοντόβουρτσα

de Tähnböst

οδοντόκρεμα

de Tähnpast

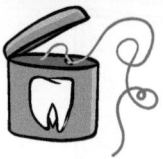

οδοντικό νήμα

de Tähnsied

πλένω

waschen

τηλέφωνο ντους

de Handbruus

ντουσιέρα

de Intimbruus

λεκάνη

de Waschschöttel

βούρτσα πλάτης

de Rüchböst

σαπούνι

de Seep

αφρόλουτρο

dat Bruusgeel

σαμπουάν

dat Hoorwaschmiddel

φανέλα

de Waschlappen

σιφόνι

de Afloop

κρέμα

de Creme

αποσμητικό

dat Deodorant

καθρέφτης
....
de Spegel

καθρέφτης χειρός
....
de Kosmetikspegel

ξυραφάκι
....
de Raserer

αφρός ξυρίσματος
....
de Raseerschuum

αφτερσέιβ
....
dat Raseerwater

χτένα
....
de Kamm

βούρτσα
....
de Böst

σεσουάρ
....
de Hoordröger

λακ
....
dat Hoorspray

μακιγιάζ
....
de Smink

κραγιόν
....
de Lippensticken

βερνίκι νυχιών
....
de Nagellack

βαμβάκι
....
de Watt

ψαλίδι νυχιών
....
de Nagelscheer

άρωμα
....
dat Rüükwater

νεσεσέρ
de Kulturbüdel

σκαμπό
de Schemel

ζυγαριά
de Waag

μπουρνούζι
de Baadmantel

ελαστικά γάντια
de Gummihanschen

ταμπόν
de Tampon

πετσέτα υγιεινής
de Damenbinn

χημική τουαλέτα
dat Chemieklo

παιδικό δωμάτιο

de Kinnerstuuv

ξυπνητήρι
de Wecker
λούτρινο ζωάκι
dat Knudeldeert
αυτοκινητάκι
dat Speeltüüchauto
κουδουνίστρα
de Klöter
κουκλόσπιτο
dat Poppenhuus
δώρο
dat Geschenk

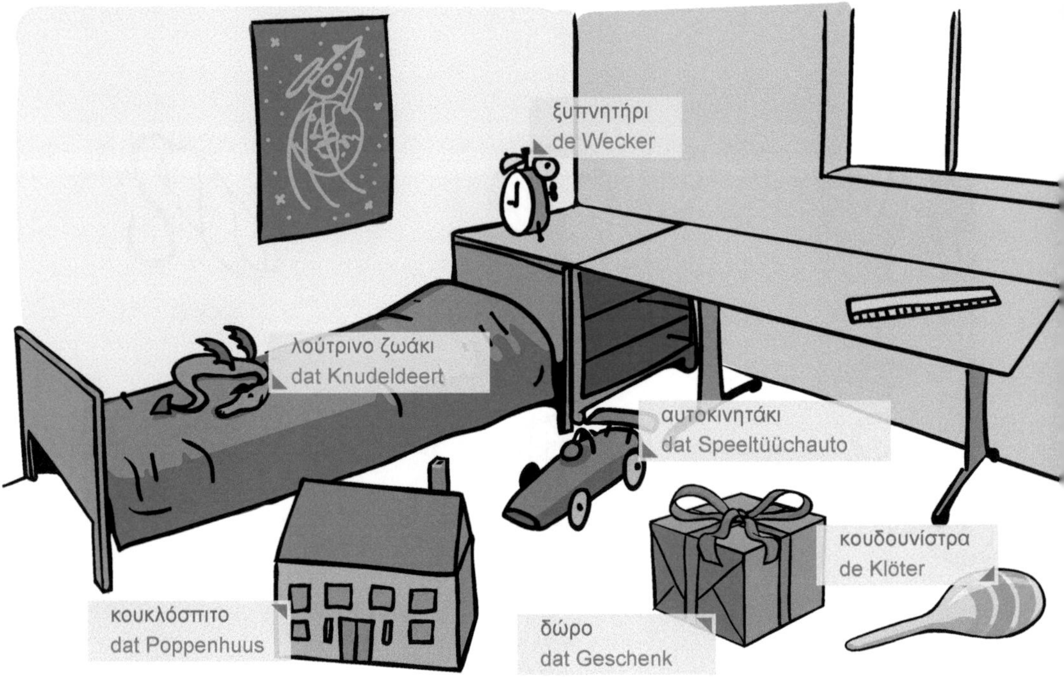

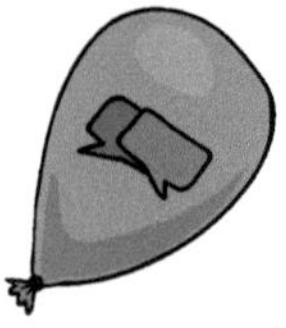

μπαλόνι

de Luftballon

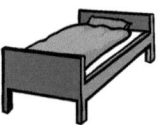

κρεβάτι

de Puuch

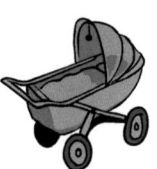

καροτσάκι

de Kinnerwagen

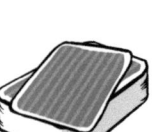

τράπουλα

dat Koortenspeel

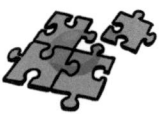

παζλ

dat Puzzle

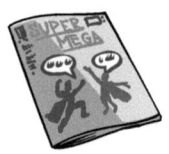

κόμικς

de Billergeschicht

τουβλάκια lego

de Legostenen

τουβλάκια κατασκευών

de Bustenen

φιγούρα δράσης

de Action-Figur

βρεφικό φορμάκι

de Strampelantog

φρίσμπι

de Frisbeeschiev

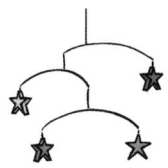

μόμπιλο

dat Mobile

επιτραπέζιο παιχνίδι

dat Brettspeel

ζάρια

de Wörpel

σετ τρενάκι

de Modelliesenbahn

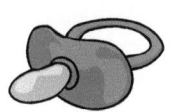

πιπίλα

de Snuller

πάρτι

de Party

εικονογραφημένο βιβλίο

dat Billerbook

μπάλα

de Ball

κούκλα

de Popp

παίζω

spelen

σκάμμα με άμμο

de Sandkassen

κούνια

de Schuckel

παιχνίδια

dat Speeltüüch

κονσόλα βιντεοπαιχνιδιών

de Speelkonsool

τρίκυκλο

dat Dreerad

αρκουδάκι

de Teddyboor

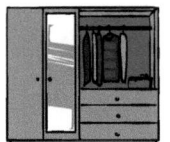

ντουλάπα

dat Klederschapp

ρούχα

dat Tüüch

κάλτσες

de Socken

καλτσοδέτες

de Strümp

καλσόν

de Strumpbüx

κασκόλ
dat Halsdook

ομπρέλα
de Paraplü

μπλουζάκι
dat T-Shirt

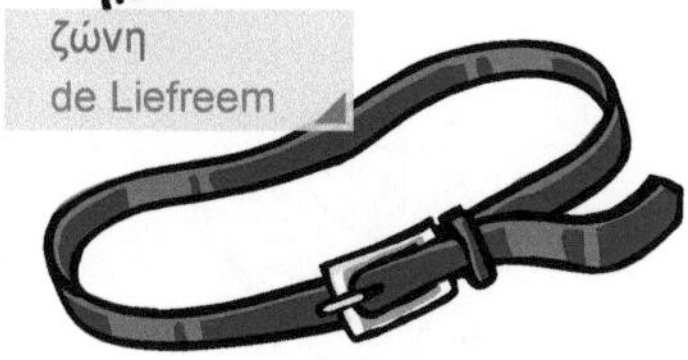

ζώνη
de Liefreem

μπότες
de Stevel

παντόφλες
de Puuschen

αθλητικά παπούτσια
de Turnschoh

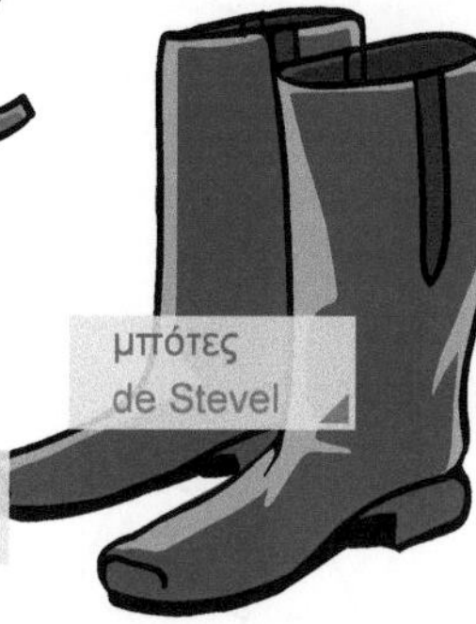

σανδάλια

de Sandalen

παπούτσια

de Schoh

γαλότσες

de Gummistevel

εσώρουχο

de Ünnerbüx

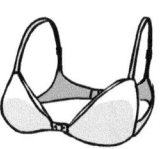

σουτιέν

de Bostholler

φανέλα

dat Ünnerhemd

ρούχα - dat Tüüch

σώμα

de Lief

παντελόνι

de Büx

τζιν παντελόνι

de Jeansnüx

φούστα

de Rock

μπλούζα

de Bluus

πουκάμισο

dat Hemd

πουλόβερ

de Pullover

πουλόβερ

de Kapuzenpullover

σακάκι

de Blazer

μπουφάν

de Jack

παλτό

de Mantel

αδιάβροχο πανωφόρι

de Övertrecker

κοστούμι

dat Kostüm

φόρεμα

dat Kleed

νυφικό

dat Hochtietskleed

κοστούμι
de Antog

νυχτικό
dat Nachtkleed

πιτζάμες
de Slaapantog

σάρι
de Sari

μαντήλι
dat Koppdook

τουρμπάνι
de Turban

μπούρκα
de Burka

καφτάνι
de Kaftan

μουσουλμανικό ένδυμα
de Abaya

ολόσωμο μαγιό
de Baadantog

ανδρικό μαγιό
de Baadbüx

σορτς
de Korte Büx

αθλητική φόρμα
de Antog to'n Öven

ποδιά
de Schört

γάντια
de Handschoh

κουμπί

de Knopp

γυαλιά

de Brill

βραχιόλι

dat Armband

περιδέραιο

de Halskeed

δαχτυλίδι

de Ring

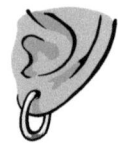

σκουλαρίκι

de Ohrbummel

καπέλο

de Mütz

κρεμάστρα

de Klederbögel

καπέλο

de Hoot

γραβάτα

de Binner

φερμουάρ

de Rietslüter

κράνος

de Helm

τιράντες

dat Drachtband

μαθητική στολή

de Schooluniform

στολή

de Uniform

σαλιάρα
de Severböten

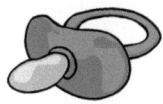

πιπίλα
de Snuller

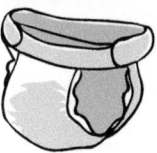

πάνα
de Winnel

γραφείο
dat Büro

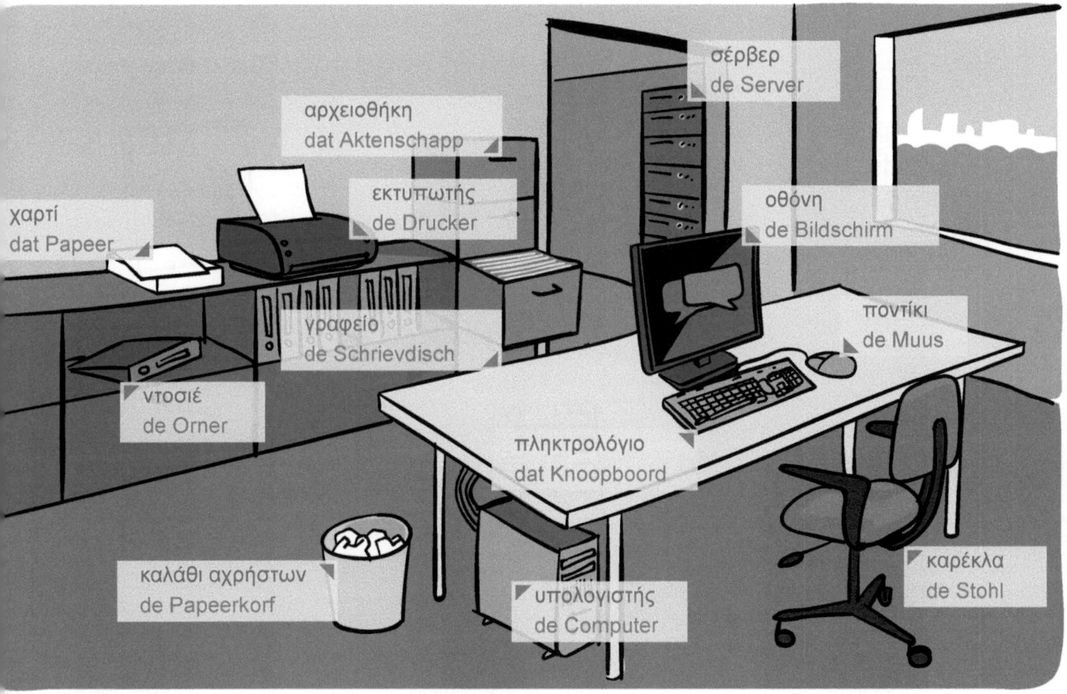

σέρβερ
de Server

αρχειοθήκη
dat Aktenschapp

εκτυπωτής
de Drucker

οθόνη
de Bildschirm

χαρτί
dat Papeer

ποντίκι
de Muus

γραφείο
de Schrievdisch

ντοσιέ
de Orner

πληκτρολόγιο
dat Knoopboord

καλάθι αχρήστων
de Papeerkorf

καρέκλα
de Stohl

υπολογιστής
de Computer

κούπα του καφέ
de Koffiebeker

κομπιουτεράκι
de Taschenreekner

ίντερνετ
dat Internet

λάπτοπ

de Klappreekner

γράμμα

de Breef

μήνυμα

de Naricht

κινητό

de Ackersnacker

δίκτυο

dat Nettwark

φωτοτυπικό μηχάνημα

de Kopeerapparat

λογισμικό

de Software

τηλέφωνο

de Klöönkassen

πρίζα

de Steekdoos

συσκευή φαξ

de Faxapparat

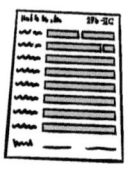

έντυπο

dat Formulor

έγγραφο

dat Dokument

αγοράζω

köpen

πληρώνω

betahlen

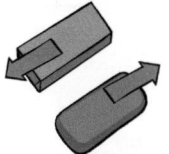

συναλλάσσομαι

hanneln

χρήματα

dat Geld

δολάριο

de Dollar

ευρώ

de Euro

γιεν

de Yen

ρούβλι

de Ruvel

ελβετικό φράγκο

de Swiezer Franken

ρενμίνγμπι γιουάν

de Renminbi Yuan

ρουπία

de Rupie

ATM (αυτόματη ταμειακή μηχανή)

de Geldautomat

ανταλλακτήρια
συναλλάγματος

de Wesselstuuv

χρυσός

dat Gold

ασήμι

dat Sülver

πετρέλαιο

dat Ööl

ενέργεια

de Energie

τιμή

de Pries

συμβόλαιο

de Verdrag

φόρος

de Stüer

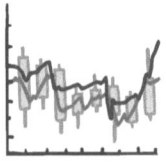

μετοχή

de Andeelschien

δουλεύω

arbeiden

υπάλληλος

de Anstellte

εργοδότης

de Arbeitgever

εργοστάσιο

de Fabrik

κατάστημα

de Hökerie

επαγγέλματα

de Profeschonen

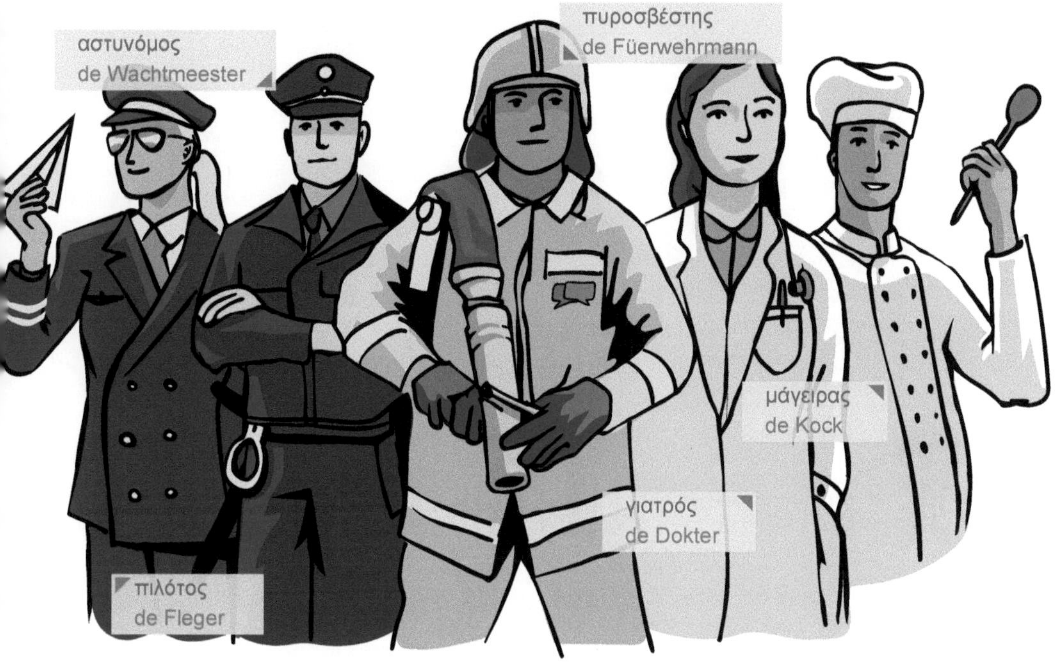
πυροσβέστης
de Füerwehrmann
αστυνόμος
de Wachtmeester
μάγειρας
de Kock
γιατρός
de Dokter
πιλότος
de Fleger

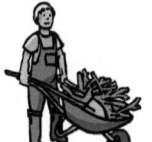

κηπουρός

de Goorner

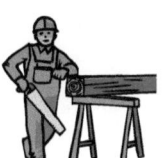

ξυλουργός

de Discher

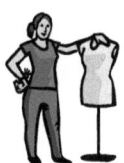

μοδίστρα

de Neihersche

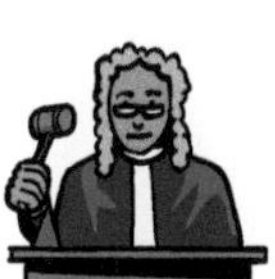

δικαστής

de Richter

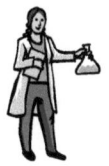

χημικός

de Chemiker

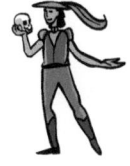

ηθοποιός

de Schauspeler

οδηγός λεωφορείου

de Busfohrer

ταξιτζής

de Taxifohrer

ψαράς

de Fischer

καθαρίστρια

de Reinmaakfru

τεχνίτης στεγών

de Dackdecker

σερβιτόρος

de Kellner

κυνηγός

de Jäger

ζωγράφος

de Maler

αρτοποιός

de Bäcker

ηλεκτρολόγος

de Elektriker

οικοδόμος

de Buarbeider

μηχανολόγος

de Ingenieur

κρεοπώλης

de Slachter

υδραυλικός

de Klempner

ταχυδρόμος

de Postbüdel

στρατιώτης
de Suldat

αρχιτέκτονας
de Architekt

ταμίας
de Kasserer

ανθοπώλης
de Florist

κομμωτής
de Putzbüdel

ελεγκτής εισιτηρίων
de Schaffner

μηχανικός
de Mechaniker

καπετάνιος
de Kaptein

οδοντίατρος
de Tähndokter

επιστήμονας
de Wetenschopler

ραβίνος
de Rabbi

ιμάμης
de Imam

μοναχός
de Mönk

ιερέας
de Paap

εργαλεία
dat Warktüüch

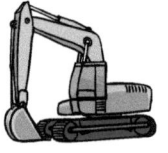

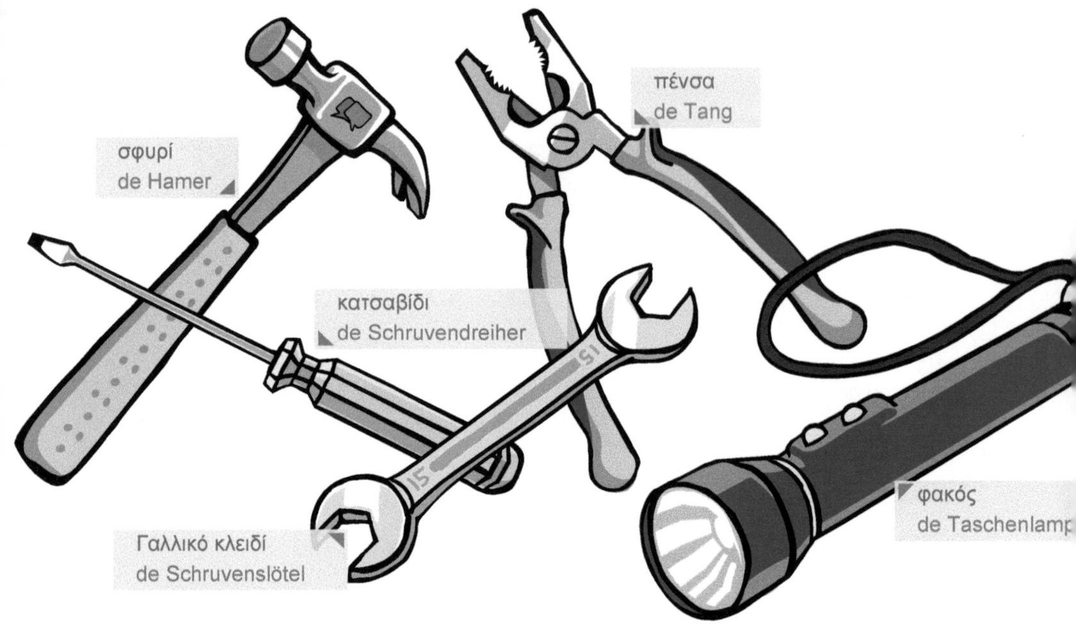

πένσα
de Tang
σφυρί
de Hamer
κατσαβίδι
de Schruvendreiher
φακός
de Taschenlamp
Γαλλικό κλειδί
de Schruvenslötel

εκσκαφέας

de Grieper

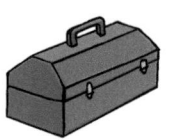

εργαλειοθήκη

de Warktüüchkassen

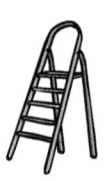

σκάλα

de Ledder

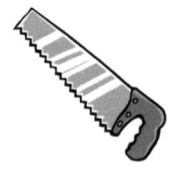

πριόνι

de Saag

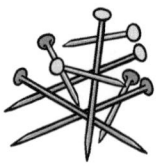

καρφιά

de Nagels

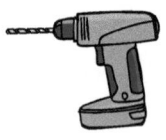

τρυπάνι

de Bohrer

επισκευάζω

heelmaken

φτυάρι

de Schüffel

Να πάρει!

Schiet!

φαράσι

dat Kehrblick

δοχείο χρωμάτων

de Farvpott

βίδες

de Schruven

μουσικά όργανα
de Musikinstrumenten

μεγάφωνο
de Luutsnacker

ντραμς
dat Slagtüüch

κιθάρα
de Rietfiedel

κοντραμπάσο
de Bass-Vigelien

τρομπέτα
de Trumpeet

πιάνο

dat Klaveer

βιολί

de Vigelien

μπάσο

de Bass

τύμπανα

de Pauk

τύμπανο

de Trummeln

πλήκτρα

dat Keyboard

σαξόφωνο

dat Saxophon

φλάουτο

de Fleut

μικρόφωνο

dat Mikrofoon

μουσικά όργανα - de Musikinstrumenten

ζωολογικός κήπος
de Deertenpark

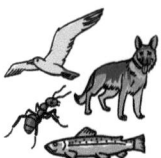

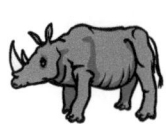

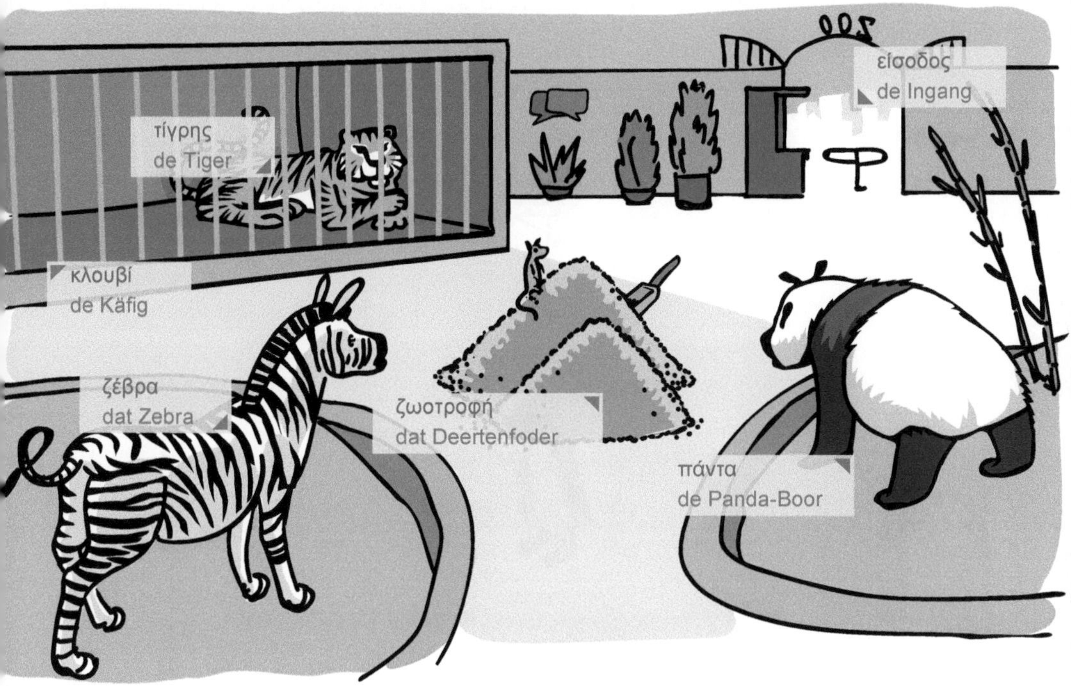

είσοδος
de Ingang
τίγρης
de Tiger
κλουβί
de Käfig
ζέβρα
dat Zebra
ζωοτροφή
dat Deertenfoder
πάντα
de Panda-Boor

ζώα

de Deerten

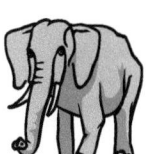

ελέφαντας

de Elefant

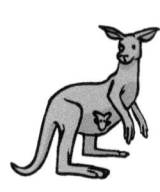

καγκουρό

dat Känguru

ρινόκερος

dat Neeshoorn

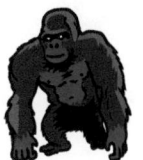

γορίλας

de Gorilla

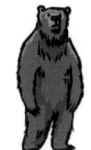

αρκούδα

de Boor

καμήλα

dat Kameel

στρουθοκάμηλος

de Struuß

λιοντάρι

de Lööv

πίθηκος

de Aap

φλαμίνγκο

de Flamingo

παπαγάλος

de Papagoi

πολική αρκούδα

de Iesboor

πιγκουίνος

de Pinguin

καρχαρίας

de Haifisch

παγώνι

de Pageluun

φίδι

de Slang

κροκόδειλος

dat Krokodil

φύλακας ζωολογικού κήπου

de Oppasser in'n
Deertenpark

φώκια

de Saalhund

τζάγκουαρ

de Jaguor

πόνυ

dat Pony

λεοπάρδαλη

de Leopard

ιπποπόταμος

dat Nilpeerd

καμηλοπάρδαλη

de Giraff

αετός

de Aadler

αγριογούρουνο

dat Wildswien

ψάρι

de Fisch

χελώνα

de Schildkrööt

θαλάσσιος ίππος

dat Walross

αλεπού

de Voss

γαζέλα

de Gazell

Αμερικάνικο ποδόσφαιρο
de Amerikaansch Football

ποδηλασία
dat Radfohren

αντισφαίριση
dat Tennis

μπάσκετ
de Korfball

κολύμβηση
dat Swümmen

χόκεϋ επί πάγου
dat Ieshockey

πυγχαμία
dat Boxen

ποδόσφαιρο
de Football

μπάντμιντον
dat Fedderball

στίβος
de Leichtathletik

χάντμπολ
de Handball

σκι
dat Skilopen

πόλο
dat Polo

δραστηριότητες

de Aktivitäten

γελάω
lachen
πηδάω
springen
αγκαλιάζω
ümarmen
περπατάω
gahn
τραγουδάω
singen
ονειρεύομαι
drömen
προσεύχομαι
beden
φιλάω
snuteln

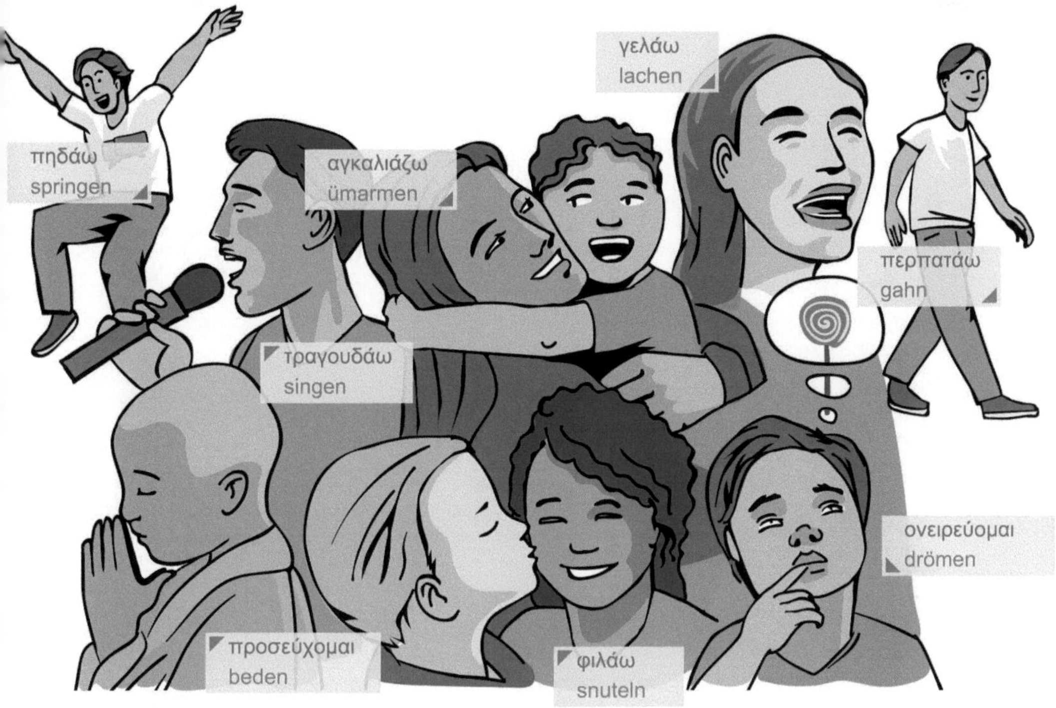

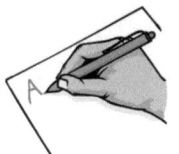

γράφω

schrieven

σχεδιάζω

teken

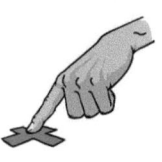

δείχνω

wiesen

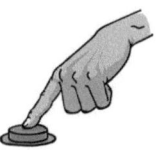

πιέζω

drücken

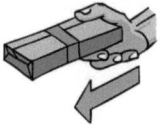

δίνω

geven

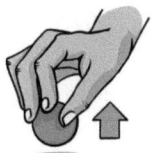

παίρνω

nehmen

έχω

hebben

κάνω

doon

είμαι

sien

στέκομαι

stahn

τρέχω

lopen

τραβάω

trecken

ρίχνω

smieten

πέφτω

fallen

ξαπλώνω

liggen

περιμένω

töven

κουβαλώ

dregen

κάθομαι

sitten

φοράω

antrecken

κοιμάμαι

slapen

ξυπνάω

opwaken

κοιτάω

ankieken

κλαίω

wenen

χαϊδεύω

eien

χτενίζω

kämmen

μιλάω

snacken

καταλαβαίνω

verstahn

ρωτάω

fragen

ακούω

hören

πίνω

drinken

τρώω

eten

συγυρίζω

oprümen

αγαπάω

leefhebben

μαγειρεύω

kaken

οδηγώ

fohren

πετάω

flegen

κάνω ιστιοπλοΐα

segeln

υπολογίζω

reken

διαβάζω

lesen

μαθαίνω

lehren

δουλεύω

arbeiden

παντρεύομαι

de Plünnen tohoopsmieten

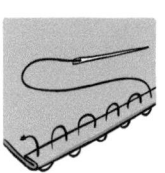

ράβω

neihen

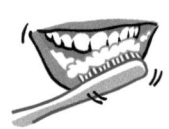

βουρτσίζω τα δόντια

Tähnen putzen

σκοτώνω

dootmaken

καπνίζω

smöken

στέλνω

schicken

γιαγιά
de Grootmoder

παππούς
de Grootvadder

πατέρας
de Vadder

μητέρα
de Moder

μωρό
at Winnelkind

κόρη
de Dochter

γιος
de Söhn

καλεσμένος

de Gast

θεία

de Tant

θείος

de Unkel

αδελφός

de Broder

αδελφή

de Süster

σώμα

de Lief

μέτωπο
de Vörkopp
μάτι
dat Oog
ώμος
de Schuller
δάχτυλο
de Finger
πρόσωπο
dat Gesicht
πιγούνι
dat Kinn
χέρι
de Hand
πόδι
dat Been
στήθος
de Bost
βραχίονας
de Arm

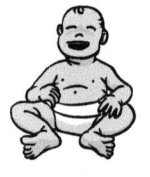

μωρό

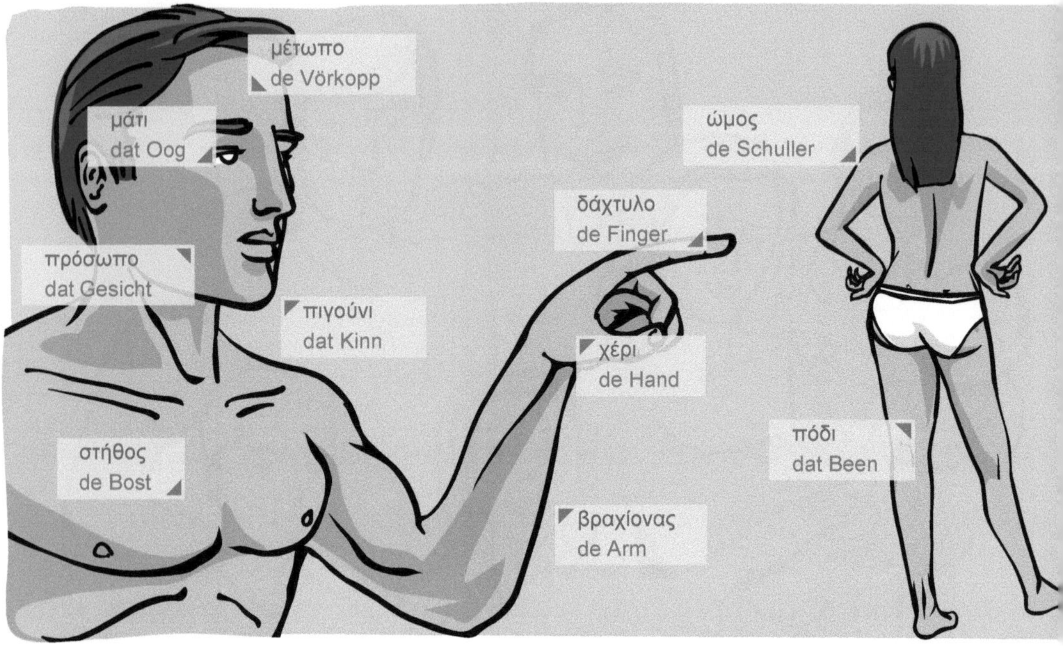

dat Winnelkind

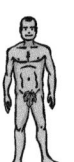

άνδρας

de Mann

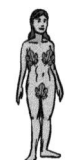

γυναίκα

de Fro

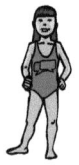

κορίτσι

de Deern

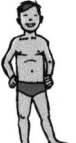

αγόρι

de Jung

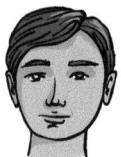

κεφάλι

de Arm

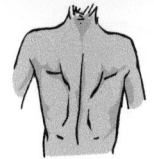

πλάτη

de Rüch

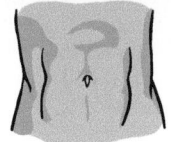

κοιλιά

de Buuk

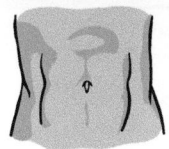

αφαλός

de Navel

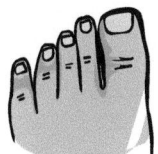

δάχτυλο ποδιού

de Teh

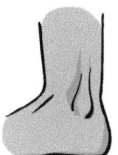

φτέρνα

de Hack

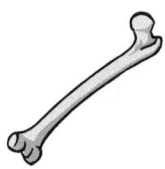

κόκκαλο

de Knaken

γοφός

de Hüft

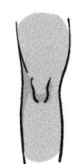

γόνατο

dat Knee

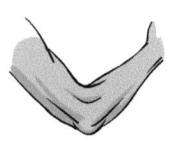

αγκώνας

de Ellbagen

μύτη

de Nees

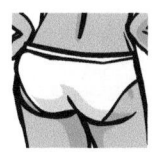

γλουτός

de Achtersen

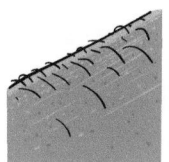

δέρμα

de Huut

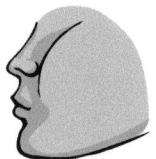

μάγουλο

de Back

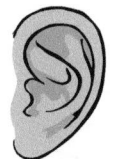

αυτί

dat Ohr

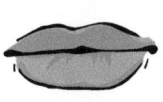

χείλος

de Lipp

στόμα
de Mund

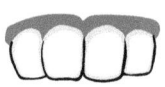

δόντι
de Tähn

γλώσσα
de Tung

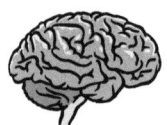

εγκέφαλος
de Bregen

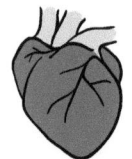

καρδιά
dat Hart

μυς
de Muskel

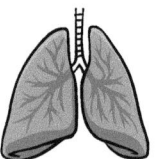

πνεύμονας
de Lung

συκώτι
de Lever

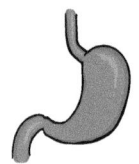

στομάχι
de Maag

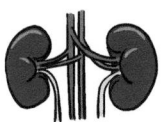

νεφρά
de Neren

σεξουαλική επαφή
de Bislaap

προφυλακτικό
dat Kondoom

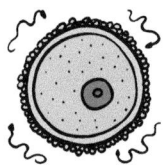

ωάριο
de Eizell

σπέρμα
dat Sperma

εγκυμοσύνη
de Anner Ümstänn

σώμα - de Lief

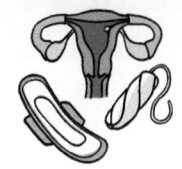

περίοδος

de Menstruatschoon

γυναικείος κόλπος

de Scheed

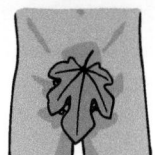

πέος

de Pint

φρύδι

de Ogenbroe

μαλλιά

dat Hoor

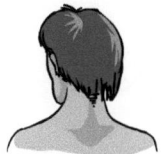

λαιμός

de Hals

νοσοκομείο
dat Krankenhuus

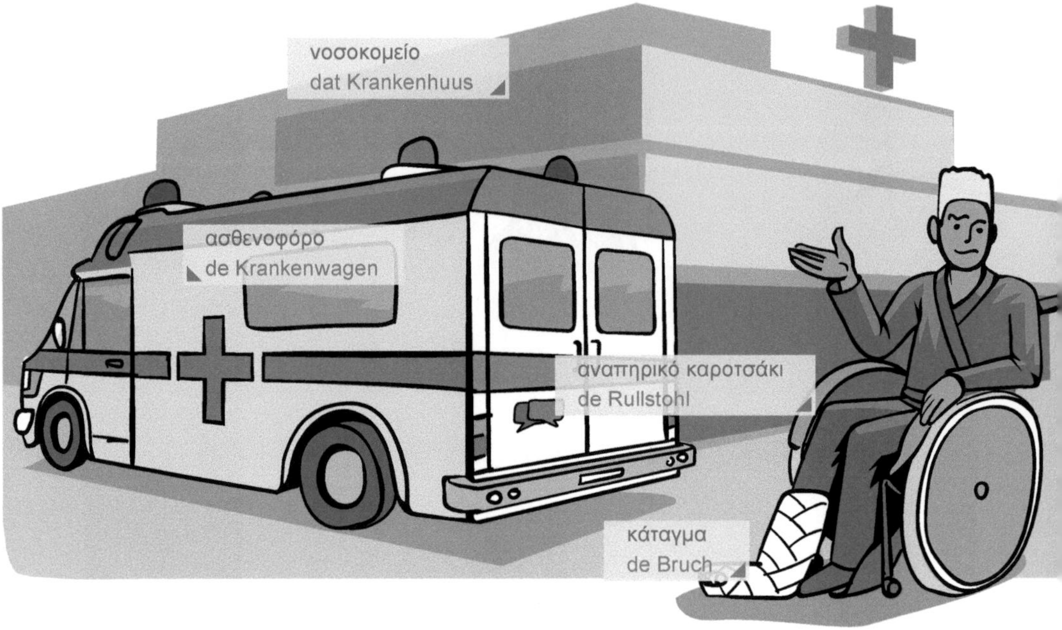

νοσοκομείο
dat Krankenhuus
ασθενοφόρο
de Krankenwagen
αναπηρικό καροτσάκι
de Rullstohl
κάταγμα
de Bruch

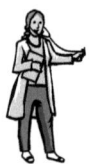

γιατρός

de Dokter

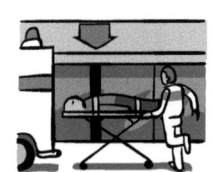

μονάδα εντατικής θεραπείας

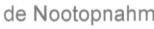

de Nootopnahm

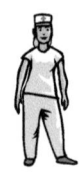

νοσοκόμα

de Krankensüster

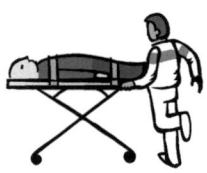

έκτακτη ανάγκη

de Nootfall

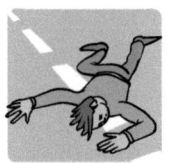

λιπόθυμος

ahnmächtig

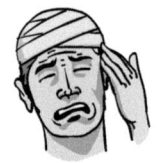

πόνος

de Wehdaag

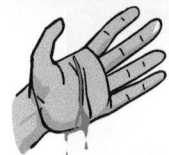

τραύμα
de Verwunnen

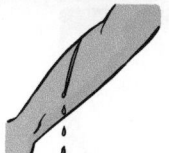

αιμορραγία
de Blöden

έμφραγμα
de Hartinfarkt

εγκεφαλικό
de Slaganfall

αλλεργία
de Allergie

βήχας
de Hoosten

πυρετός
dat Fever

γρίπη
de Gripp

διάρροια
de Dörchfall

πονοκέφαλος
de Koppwehdaag

καρκίνος
de Kreeft

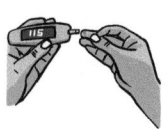

διαβήτης
de Zuckersüük

χειρουργός
de Chirurg

νυστέρι
dat Chirurgsch Mess

εγχείρηση
de Operatschoon

αξονική τομογραφία

dat CT

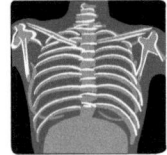

ακτινογραφία

de Dörchlüchten

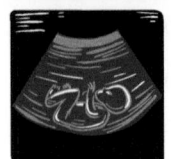

υπέρηχος

de Ultraschall

μάσκα

de Mask

ασθένεια

de Krankheit

αίθουσα αναμονής

de Töövruum

πατερίτσα

de Krück

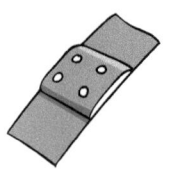

χάνσαπλαστ

dat Plaaster

επίδεσμος

de Verband

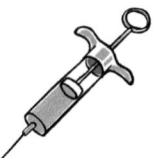

ένεση

de Insprütten

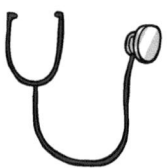

στηθοσκόπιο

dat Stethoskop

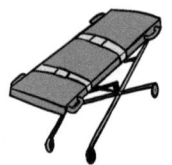

φορείο

de Draag

θερμόμετρο

dat Feverthermometer

γέννηση

de Geboort

υπέρβαρο

dat Övergewicht

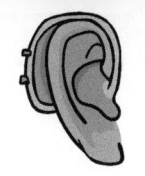

ακουστικό βαρηκοΐας

de Höörapparat

αντισηπτικό

dat Kiemfriemiddel

λοίμωξη

de Ansteken

ιός

de Virus

HIV/AIDS

dat HIV / AIDS

φάρμακο

dat Heelmiddel

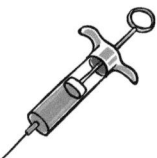

εμβολιασμός

de Impen

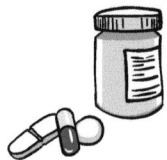

δισκία

de Tabletten

χάπι

de Pill

κλήση έκτακτης ανάγκης

de Nootroop

πιεσόμετρο αίματος

de Blootdruck-Meter

άρρωστος / υγιής

krank / gesund

Βοήθεια!
Hölp!

συναγερμός
de Alarm

βιαιοπραγία
de Överfall

επίθεση
de Angreep

κίνδυνος
de Gefohr

έξοδος κινδύνου
de Nootutgang

Φωτιά!
dat Füer!

πυροσβεστήρας
de Füerlöscher

ατύχημα
de Unfall

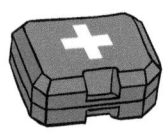

κουτί πρώτων βοηθειών
de Noothölpkoffer

SOS
SOS

αστυνομία
de Polizei

Ευρώπη

Europa

Βόρεια Αμερική

Noordamerika

Νότια Αμερική

Süüdamerika

Αφρική

Afrika

Ασία

Asien

Αυστραλία

Australien

Ατλαντικός Ωκεανός

de Atlantik

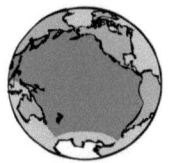

Ειρηνικός Ωκεανός

de Pazifik

Ινδικός Ωκεανός

dat Indisch Weltmeer

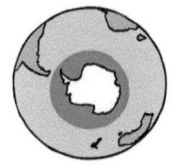

Ανταρκτικός Ωκεανός

dat Antarktisch Weltmeer

Αρκτικός Ωκεανός

dat Arktisch Weltmeer

Βόρειος Πόλος

de Noordpol

Νότιος Πόλος
de Süüdpol

Ανταρκτική
de Antarktis

Γη
de Eerd

γη
dat Land

θάλασσα
de See

νησί
dat Eiland

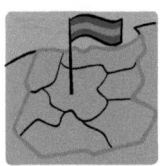

έθνος
de Natschoon

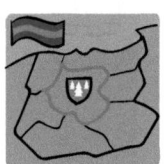

πολιτεία
de Staat

κаντράν ρολογιού

dat Tallenblatt

ωροδείκτης

de Stunnenwieser

λεπτοδείκτης

de Minutenwieser

δείκτης δευτερολέπτων

de Sekunnenwieser

Τι ώρα είναι;

Wo laat is dat?

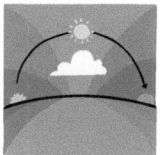

ημέρα

de Dag

χρόνος

de Tiet

τώρα

nu

ψηφιακό ρολόι

de digetaalsch Klock

λεπτό

de Minuut

ώρα

de Stunn

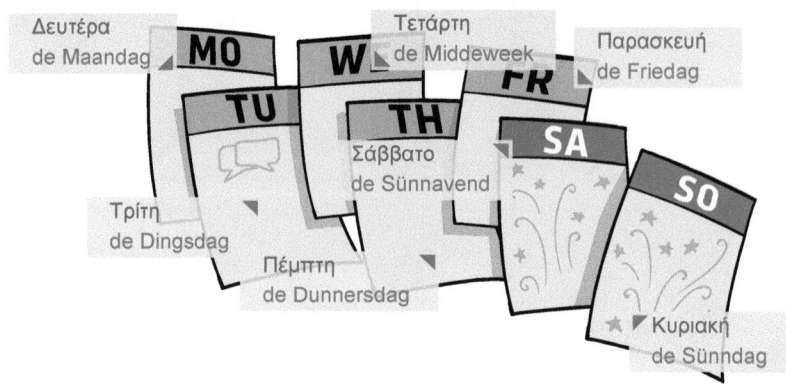

Δευτέρα
de Maandag

Τετάρτη
de Middeweek

Παρασκευή
de Friedag

Τρίτη
de Dingsdag

Σάββατο
de Sünnavend

Πέμπτη
de Dunnersdag

Κυριακή
de Sünndag

χθες

güstern

σήμερα

hüüt

αύριο

morgen

πρωί

de Morgen

μεσημέρι

de Meddag

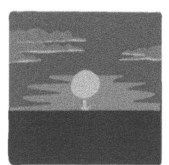

βράδυ

de Avend

εργάσιμες ημέρες

de Arbeitsdaag

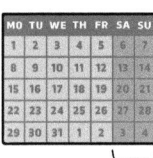

Σαββατοκύριακο

dat Wekenenn

έτος

dat Johr

βροχή
de Regen
ουράνιο τόξο
de Regenbagen
άνεμος
de Wind
χιόνι
de Snee
άνοιξη
dat Fröhjohr
καλοκαίρι
de Sommer
φθινόπωρο
de Harvst
χειμώνας
de Winter

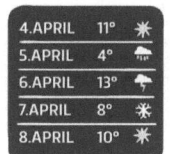

4.APRIL 11°
5.APRIL 4°
6.APRIL 13°
7.APRIL 8°
8.APRIL 10°

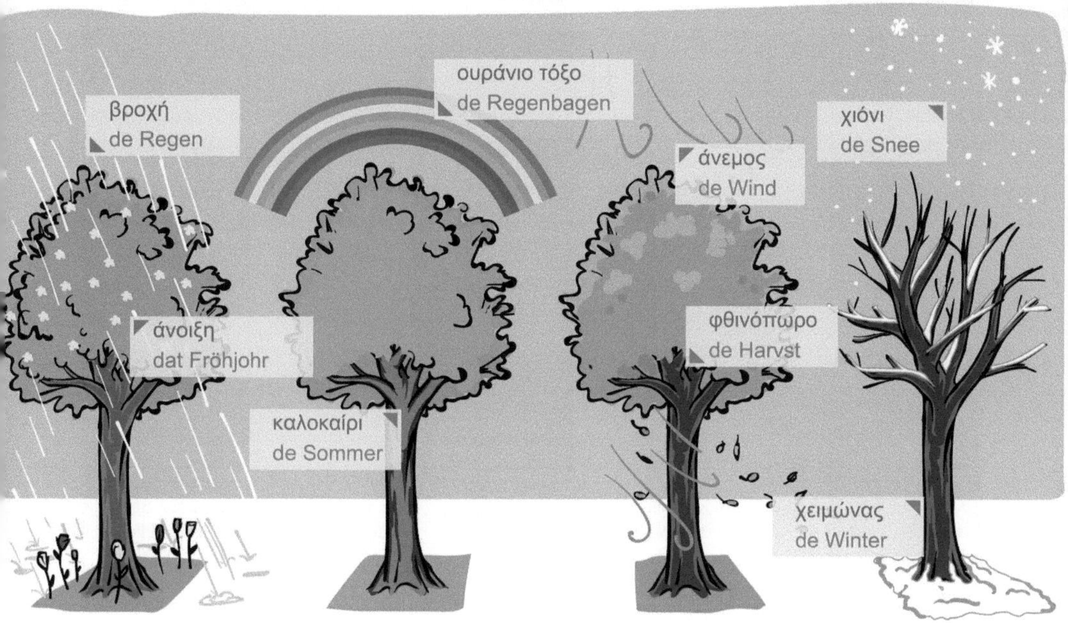

πρόγνωση καιρού

de Wedervörhersaag

F C
120 40
90 30
60 20
30 10
0 0
-30 -10
-20

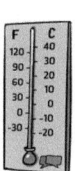

θερμόμετρο

dat Thermometer

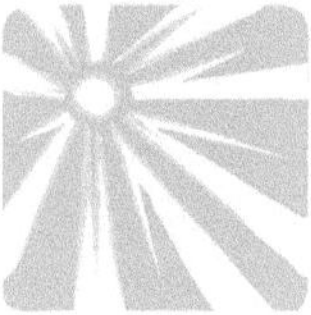

λιακάδα

de Sünnenschien

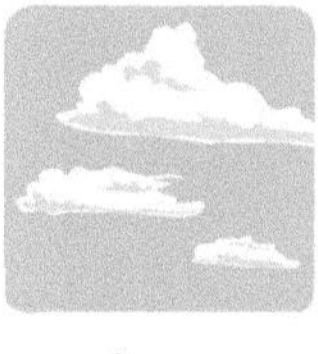

σύννεφο

de Wulk

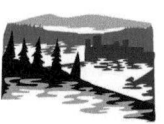

ομίχλη

de Nevel

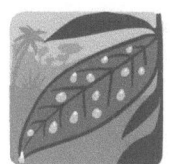

υγρασία

de Luftfuchtigkeit

αστραπή

de Blitz

κεραυνός

de Dunner

καταιγίδα

de Storm

χαλάζι

de Hagel

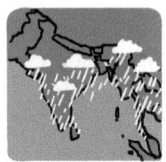

μουσώνας

de Monsun

πλημμύρα

de Floot

πάγος

dat Ies

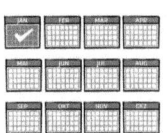

Ιανουάριος

de Januormaand

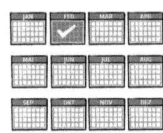

Φεβρουάριος

de Februormaand

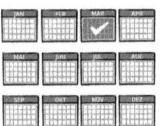

Μάρτιος

de Martmaand

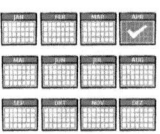

Απρίλιος

de Aprilmaand

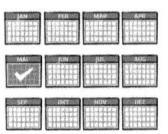

Μάιος

de Maimaand

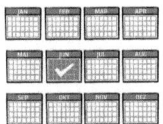

Ιούνιος

de Junimaand

Ιούλιος

de Julimaand

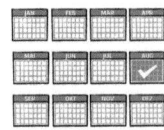

Αύγουστος

de Augustmaand

έτος - dat Johr

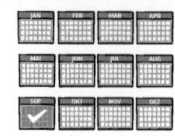

Σεπτέμβριος
....
de Septembermaand

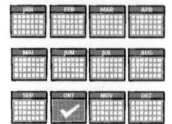

Οκτώβριος
....
de Oktobermaand

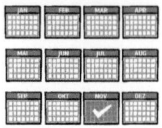

Νοέμβριος
....
de Novembermaand

Δεκέμβριος
....
de Dezembermaand

σχήματα
de Formen

κύκλος
....
de Krink

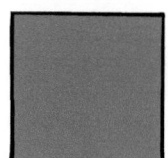

τετράγωνο
....
dat Quadrat

ορθογώνιο
παραλληλόγραμμο
dat Rechteck

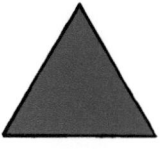

τρίγωνο
....
dat Dreeeck

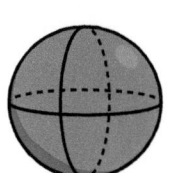

σφαίρα
....
de Kugel

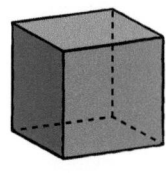

κύβος
....
de Wörpel

άσπρο

witt

κίτρινο

geel

πορτοκαλί

orangsch

ροζ

pink

κόκκινο

root

μωβ

lila

μπλε

blau

πράσινο

gröön

καφέ

bruun

γκρι

gries

μαύρο

swart

πολύ / λίγο

veel / wenig

θυμωμένος / ήρεμος

böös / verdreeglich

όμορφος / άσχημος

smuck / mies

αρχή / τέλος

de Begünn / dat Enn

μεγάλος / μικρός

groot / lütt

φωτεινός / σκοτεινός

hell / düüster

αδελφός / αδελφή

de Broder / de Süster

καθαρός / λερωμένος

schier / schietig

πλήρης / ατελής

kumpleet / nich kumpleet

ημέρα / νύχτα

de Dag / de Nacht

νεκρός / ζωντανός

doot / lebennig

φαρδύς / στενός

breet / small

βρώσιμος / μη βρώσιμος

geneetbor / nich geneetbor

κακός / ευγενικός

böös / fründlich

ενθουσιασμένος / βαριεστημένος

fickerig / langwielt

παχύς / λεπτός

dick / dünn

πρώτος / τελευταίος

toeerst / toletzt

φίλος / εχθρός

de Fründ / de Fiend

γεμάτος / άδειος

vull / leddig

σκληρός / μαλακός

hart / week

βαρύς / ελαφρύς

swoor / licht

πείνα / δίψα

de Smacht / de Döst

άρρωστος / υγιής

krank / gesund

παράνομος / νόμιμος

nich na't Recht / na't Recht

έξυπνος / χαζός

klook / dummerhaftig

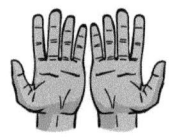

αριστερός / δεξιός

linkerhand / rechterhand

κοντινός / μακρινός

neeg / feern

καινούριος /
μεταχειρισμένος
nieg / bruukt

τίποτα / κάτι
nix / wat

γέρος | νέος
oolt / jung

αναμμένος / σβηστός
an / ut

ανοιχτός / κλειστός
apen / slaten

χαμηλόφωνος /
μεγαλόφωνος
lies / luut

πλούσιος / φτωχός
riek / arm

σωστός / λανθασμένος
richtig / verkehrt

τραχύς / λείος
ruug / glatt

λυπημένος / χαρούμενος
trurig / glücklich

κοντός / μακρύς
kort / lang

αργός / γρήγορος
suutje / flink

υγρός / στεγνός
natt / dröög

ζεστός / δροσερός
warm / köhl

πόλεμος / ειρήνη
de Krieg / de Freden

0

μηδέν
null

1

ένα
een

2

δύο
twee

3

τρία
dree

4

τέσσερα
veer

5

πέντε
fief

6

έξι
söss

7

εφτά
söven

8

οκτώ
acht

9

εννιά
negen

10

δέκα
teihn

11

έντεκα
ölven

12

δώδεκα

twölf

13

δεκατρία

dörteihn

14

δεκατέσσερα

veerteihn

15

δεκαπέντε

föffteihn

16

δεκαέξι

sössteihn

17

δεκαεφτά

söventeihn

18

δεκαοκτώ

achtteihn

19

δεκαεννέα

negenteihn

20

είκοσι

twintig

100

εκατό

hunnert

1.000

χίλια

dusend

1.000.000

εκατομμύριο

million

Αγγλικά

dat Engelsch

Αμερικάνικα Αγγλικά

dat Amerikaansch Engelsch

Μανδαρίνικα Κινέζικα

dat Chineesch Mandarin

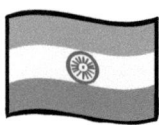

Χίντι

dat Hindi

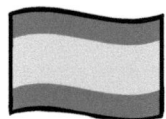

Ισπανικά

dat Spaansch

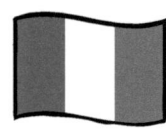

Γαλλικά

dat Franzöösch

Αραβικά

dat Araabsch

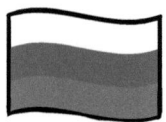

Ρώσικα

dat Rusch

Πορτογαλικά

dat Portugiesch

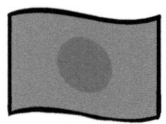

Μπενγκάλι

dat Bengaalsch

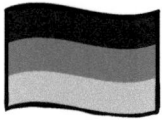

Γερμανικά

dat Düütsch

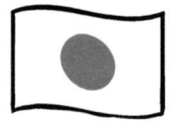

Ιαπωνικά

dat Japaansch

εγώ

ik

εσύ

du

αυτός / αυτή / αυτό

he / se / dat

εμείς

wi

εσείς

ji

αυτοί / αυτές / αυτά

se

ποιος / ποια / ποιο;

keen?

τι;

wat?

πώς;

woans?

πού;

woneem?

πότε;

wannehr?

όνομα

de Naam

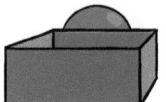

πίσω

achter

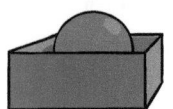

μέσα

in

μπροστά

vör

πάνω από

över

πάνω

op

κάτω

ünner

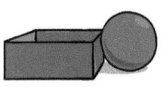

δίπλα

blangen

ανάμεσα

twüschen

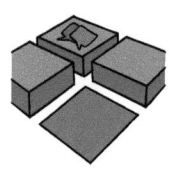

μέρος

de Oort